庄子：逍遥齐物

王蒙／著

贵州出版集团
贵州人民出版社

图书在版编目（CIP）数据

庄子 : 逍遥齐物 / 王蒙著. -- 贵阳 : 贵州人民出版社, 2022.8
（发现与灵感 : 与经典互动）
ISBN 978-7-221-16647-0

Ⅰ. ①庄… Ⅱ. ①王… Ⅲ. ①道家②《庄子》—研究 Ⅳ. ①B223.55

中国版本图书馆CIP数据核字(2021)第140695号

庄子：逍遥齐物
ZHUANGZI: XIAOYAOQIWU

王　蒙　著

出版人　王　旭
选题统筹　戴　俊　孔令敏
特约编辑　温奉桥　常鹏飞
责任编辑　张　黎　李　方
封面设计　刘　津
版式设计　陈　电
出版发行　贵州出版集团　贵州人民出版社
地　　址　贵州省贵阳市观山湖区会展东路SOHO办公区A座
邮　　编　550081
印　　刷　深圳市新联美术印刷有限公司
规　　格　889mm × 1220mm　1/32
字　　数　330千字
印　　张　15.375
版　　次　2022年8月第1版
印　　次　2022年8月第1次印刷
书　　号　ISBN 978-7-221-16647-0
定　　价　58.00元

写在前面的话

“孔孟老庄”，外加《红楼梦》，自它们问世以来，种种疏解，讲授，研究，发挥，延伸，整理，考证，是中国学人、志士、皇帝、大臣、名流进学的统一方向，必修功课，基本功夫。以此作为基础，从而产生了大家大师、新解新学、名臣名师名将、圣哲贤良、中坚楷模、国之栋梁支柱；道家中则出现了宗教领袖、神仙人物、老君真人、炼丹术士……董仲舒 、韩愈、朱熹、王阳明、王夫之、韩非子、河上公、葛洪、邱处机，直至现代的冯友兰等大家光芒四射，影响悠久，著作汗牛充栋，王蒙本无缘置喙其间。

而且王蒙只是在小学时期发疯般地背诵过《大学》《中庸》《孝经》《唐诗三百首》，青年时代喜欢读任继愈注解的《道德经》，读之有智慧迷醉感。王蒙的古汉语、文字学、中国历史、中国哲学史、世界哲学史的底子都还薄弱，王蒙去找经典而且是互动，这不是犯“二”吗?

我无意参与读解经书的大流，我的主业不在这方面。遇到出版方面约稿，我一直退缩回避。后来，我得到了出版人刘景琳先生的鼓励。他认为我有我的长项，有我的优势，他为我开辟了著作的第二个战场。

与老经典比较起来，我更热衷的是“五四”的经、马恩的经、本土化现代化生活化革命化的经。我警惕李白的《嘲鲁儒》的“问以经济策，茫如坠烟雾”的“白发死章句”，我也怜悯着李贺描写的“寻章摘句老雕虫 ”，结局是“文章何处哭秋风”。我少年时代就是党员、脱产干部，从十九岁就写诗、写小说 ，我有过地下革命斗争经历，有政治生活的得益与受挫、得意与苦恼，有通蹇浮沉的经验教训。我有在大电子工厂，在新疆人民公社生产大队，在作协、在文化部、在中央任职或挂衔的经验，我也有负面的经验，更有深挖地、烧石灰、浇漫灌大水、扬场、带着一批牲口去钉掌的光荣历史。我曾经在车铣镗磨冲压装配车间参加劳动或检查工作，我有幸到七十多个国家和地区访问、旅游，我曾在五七干校担任连队炊事班副班长，一次和过六十斤面粉，一直为之而骄傲自负，以为自己有独得之秘，不肯轻易传授透露其窍门，更不会轻易告诉你生活与传统经典文化的可以意会、难以言传的关系。

所以我必须与经典互动，互动是一个使命。

是的，我有一点生活经验，小说人很看重的说法叫作“有生活”，有一点头脑，喜欢而不是痛恨思想，像另位老哥们儿同行小说人似的。有兴趣读书，特别是读古文书与外文书，就是说读自己看不大懂的书，读得费劲，实在找不着根据就去硬猜，猜对了，是幸运，猜错了，是硬伤，但也是小说家言，是望文生义，是歪批三国，英文的说法是，会有“创造性的误读”。

读一段书，你的解释被认为有误，是以原文为准或有失误，但道理与体会本身不无精彩，这也是可能的。那就是说，我注六经，或可商榷，六经注我，趣味盎然。何况更多得多的情况，非是擦枪走火，郢书燕说，而是欣欣求识，化寻常为新奇，化一般为特异，化深涩为人情事理，洞明练达，新鲜有趣。没早早革命，早早教训，没一次和过六十斤面粉的人，硬是不会想到，想不出来，写不出来。这不也是人生一乐吗？

我必须明确地告诉读者，阅读、理解、考证、勘误、训诂方面，我主要依靠已有的教授专家的成果，我向他们致敬致谢，请他们继续指教。我的特色在于联系实际，在于联想、分析、扩展、旁敲侧击，别开生面，别有发见，获得灵感，独出心裁。比如老子说“世人皆知美之为美，斯恶矣”，古今许多大家老师说是老子说得过分了，但是我觉得极易理解。当年我读过《雨花》上的一个短篇《杨柏的“污染”》，说是一批犯了“错误”的知识分子，相濡以沫，积极劳动，日子尚好。后来要评出先进，先进了可能咸鱼翻身；一下子相互关系，就出了麻烦和难题了。而金融界的朋友告诉我，老子的这个话太好懂了，一个股票被视为优选以后，众人热炒，终成泡沫，如此而已，岂有他哉？所以任继愈老师读了我的《老子的帮助》后赐信云：“你胆子太大了，把老子的天机都泄露了。”

把话说得再简明一些，我的目的不是读解，而是发挥，哪怕是借题发挥，不是学古怀古，而是通今、证今、鉴今、明今、阔今、润今，不是翻译转述，而是挖掘、掂量、优化，完善化，资助化，有效化，发明发见化。

为现时，为今天，来拓展、去增容、去深化、去提升我们的思维能力、命名能力、引证能力、说服能力，扎根发芽生长能力，互通能力与共识共议、和而不同的能力。

丛书共五部，分别是对《论语》《孟子》《老子》《庄子》《红楼梦》等经典的阅读与发见灵感。本书的一个愿景，是通过王某议论，力求让经典“复活”，让经典流向二十一世纪大变局中的我们。中国人就是不怕变局，礼崩乐坏的变局，合纵连横的变局，分而后合的变局，改朝换代的变局，鸦片战争、八国联军的变局，辛亥革命、中国共产党成立、抗日、解放战争胜利的变局……苟日新，日日新，又日新。中国文化的经验性、有用性、应对能力、抗逆能力精彩绝伦。

本丛书是对《论语》《孟子》《老子》《庄子》《红楼梦》等经典的学习并与之互动。本书的一个愿景，是通过重新解读，让经典与现实贯通，让古代与新时代接轨，让经典成为一种更加鲜活有效的切近存在，成为当代的一种精神参照和智力资源。

希望得到读者的赐教。

目 录

第一章

人生由我：一场超越的旅程

你最好是处于枢纽上

面对无穷的“是”，无穷的自称是真理的言说著作经典，又面对无穷的“非”，无穷的被批判被指责被宣称超越的荒唐谬论以及被称作的虚伪、欺骗与邪恶，你千万莫要卷进去陷进去，莫要绑在某个山头的战车上，你要当一个明白人，你要保持清醒，心如雪亮，不要上当，不要晕菜，不要发神经，你要正确地明智地对待不同的观点与山头。你要看得透亮一些再透亮一些，你要想得开阔一些再开阔一些。

庄子的意思是：请不要、千万不要处于极端、端点，请不要认同于、自居于离心力极大的圆周边缘上，那样的话你离被甩出被抛掉就不远了。你最好是处于枢纽上。

是亦一无穷，非亦一无穷也。故曰莫若以明。（齐物论）

“是”的变化是没有穷尽的，“非”的变化也是没有穷尽的。所以说不如用明净的心境去观照事物的实况。

站得高一点，想得透一点

一方面，是朝三暮四与朝四暮三之争，着实可笑与可悲。一方面，是朝三暮四与朝四暮三之间还确有奥妙，确有高手就此做出精彩文章，难以做到完全不予理会。一方面，是庄子的非争论、齐物论着实高明有味道，不争论或少争论，有益世道人心。一方面，庄子毕竟是书生，他哪里懂得程序上的花样有多少夹带！

至于从主要方面来说，站得高一点，想得透一点，有利于去掉许多无谓之争、抽象之争、烦琐之争，这倒是事实，这也是阅读《庄子》的重点。尤其在改革开放的中国，如果陷于烦琐争论，整天国无宁日，民无福日，全民讨论意识形态，那种图景实在是太可怕了！

名实未亏而喜怒为用，亦因是也。（齐物论）

名和实都没有改变而（猴子的）喜怒却因而不同，这是顺着（猴子）主观的心理作用罢了。

贴近大道，感悟大道

一个人在他或她没有出生以前，是大道的一部分，与大道在一起，与大道同行、同格、同质、同项。一旦出生，就与万物在一起了，就是物了，就不恒等于大道了，就要日夜悲啼于对于大道的似有似无、似合似分、似得似失、似生似灭的感受了。这时又能在有生之年对大道有所感受，有所体悟，有所依傍，有所崇拜，当然本身就是大人了，就了不起了。

今已为物也，欲复归根，不亦难乎！其易也，其唯大人乎！（知北游）

如今你已经由于违背道的原则而异化了，想要再返回根本，不是很困难吗？假如能比较容易地改变而回归根本，恐怕只有得道的伟大人物吧！

精神品格要足够大

精神品格足够大了，“背若太（泰）山，翼若垂天之云，抟扶摇羊角而上者九万里，绝云气，负青天，然后图南”了，才能占领精神的制高点，才会接近大道，从而获得一个无穷与永恒作参照系统，才会视渺小诡计、渺小得失、渺小欲求为无物。这样，也就得到了大自在、大解放、大自信乃至于大骄傲。你看着我无用，你看不到我的长处，我正好“树之于无何有之乡，广莫之野，彷徨乎无为其侧，逍遥乎寝卧其下。不夭斤斧，物无害者”，这样的人的精神状态，岂是整天求知遇、找伯乐、怀才不遇、怀忠不遇的恓恓惶惶者所能比拟的呢？

其杀若秋冬，以言其日消也；其溺之所为之，不可使复之也。（齐物论）

他们整天价（北京官话）耗神煎心，熬油伤身，早衰速朽，精神日益耗散，提前进入生命的秋冬，靠近死亡，难于回转。他们沉溺于争夺辩论，无法自拔。

以出世的心态入世

游心于淡，合气于漠，顺物自然而无容私，这与其说是在谈治国平天下，不如说是在讲养生与逍遥，在讲游走、旅游、气功、心理调适、自我删节清理、心斋等等。这有一说，后世称之为以出世的心态入世入仕。到了现如今，这样的人生这样的入世这样的从政，应该叫作潇洒：一边做着官当着差办着事享受着入世的好处，一边抱无所谓的态度，抱至少是可进可退、可入可出、可即可离的态度，做好几手准备；不钻营、不结帮、不贪权、不贪位、不偏执、不树敌、不冒险、不恋栈、不死谏、不唯一、不失个性与个人专业；既能入乎其内，又能出乎其外，保持清醒，保持超越，保持微笑，保持潇洒。这是一个相当有趣的说法，能做得到的极少，作为一个理念，则古已有之，不无可欣赏可遐想可享受处。

汝游心于淡，合气于漠，顺物自然而无容私焉，而天下治矣。（应帝王）

你把你的心思心情灵魂置放在恬淡、淡然、清淡即清静无为中，你把你的气息气场生命融合在冷漠、漠然、漠不关心里，把一己的欲望、野心、追求、刻意、主张压低到最低限度，同时最大限度地任凭外物外界自己运动，自我调整，自行变化，自然行止，自生自灭，那不就齐了吗？

努力超脱尘世之外

不仅是齐物，而且齐态度，齐反应，齐举止；不挑三拣四，不趋长避短，不因为外物的变化而变化，不因为外物的利害而决定取舍。心如古井无波，面若枯木无（表）情。这也绝了。这就叫超越，叫高蹈，叫通透，叫境界，是中国士人讲究的修身之道的一部分或一条路径。

如果硬要抬杠的话，说不定会觉得那样太像死人了。与死人不同处在于思想，他仍然能思想，能得出怪论，能出奇制胜，能高人一头。不是地位高，而是理论高、见地高、境界高。你能不服吗？

圣人不从事于务，不就利，不违害，不喜求，不缘道，无谓有谓，有谓无谓，而游乎尘垢之外。（齐物论）

圣人不忙于事务，不追求利益，不躲避灾害，不稀罕喜乐，不高攀大道，从无中，他能看到有；从有中，他能看到无。明明是无，他偏要说是有；明明是有，他偏偏要说是无。还有，有话要说却不一定说，没话可说也不作清高寂寞状。他好像生活在尘世之外。

最大的超越来自最大的接受

最大的超越来自最大的接受。很简单，一个有灵性的人，必须接受死亡像接受出生一样，接受了出生就等于接受了最后的死亡，谁能不接受呢？不接受你还能怎么样呢？悲悲切切，你也得死；与其悲切地死，不如放心大胆地去死。疯狂恐惧你也得死，多半死得更早更快些，那就不如自自然然来度过自己的一生。人们依据文天祥的名言拟的对联是“时时可死，步步求生”，有这样的心胸与头脑的人，也算是不知生不知死了，也就是说，死生是大自然的事，是世界的必然规律，人不可也无须为之闹腾。

八年而不知死不知生。（寓言）

八年后不再介意生死之辨。

精神上的无穷和现实的有形同样重要

无穷与永恒是现实的存在，你我都生活在其中。因为我们不能给自己的空间向外延伸划出界限，正像不能为过往划出界限，同样不能为未来划出界限，即我们生活在一个溯前无边、预后无穷、上下左右前后都没有死僵的边界的世界里。无边的世界，这是我们的舞台，这是我们的天地，这是我们的敬畏与崇拜。同时万物万事，都是有限有穷从而亲切明确、摸得着抓得住可以感知的具体。与无穷比，它们都是趋向于零；与零比，它们都是趋向于无穷。无穷的表现、下载的乃是局限与具体，而局限与具体的总和与发展是无穷。

我们本来可以做到，既能从思辨上精神上达到无穷的宏大与久远，又能珍惜实有的有形有情有体有用。

无穷与零，这是两个激动人心的概念，也是会让人晕菜的概念，用心掌握好这两个概念，你会变得更明白，更强大。

其为物，无不将也，无不迎也，无不毁也，无不成也。（大宗师）

大道对于万物来说，没有什么它是不引领的，它会引领着你顺道而行。没有什么它不迎接，时时迎接着一切的变化。它什么都接得上。没有什么东西不是在遵循着大道走向毁灭，也没有什么东西不是遵循着大道在成全成就着。

忘掉自己才能与天地相通

忘掉自身的核心，是将人事、人心、人情、人欲减少到最低限度。

忘掉了自己，就能入于天，就能与天地相通了。那么说，一己，是人与天交通的主要障碍。破私立天，古已有之，看来三四十年前（二十世纪六七十年代）“破私立公”口号的提出，也有历史渊源。

忘己之人，是之谓入于天。（天地）

忘掉自己的人，也就可以说是与天地融为一体了。

藏自身于无限，置自身于永远

庄子的理想境界是人与天的合一、人与自然的合一，是人的思想境界的真正的扩充、再扩充，庞大、再庞大。乃做到人与大道的无间、合一、交融、互动、互补、互保、互藏，叫作藏自身于无限，置自身于永远。进入无限，衔接永远，使小我徜徉于高山密林大海大漠大城大乡大道，于太空于天外于众星。关键是身道合一，形神合一，事理合一，气韵合一，主客观合一；永无错位，永无龃龉，永无烦恼、嗔怨、悲情、仇恨、乖戾，永远与禽鸟共飞翔，与鱼鼋共遨游，与花草共缤纷，与日月共光辉，与风暴共振奋，与严冬共肃杀，与春风共温煦，与黑夜共入梦，与群星共绚烂，与江河共奔流，与海洋共起伏，与浪涛共呼吸，与山岭共蜿蜒……

若夫藏天下于天下而不得所遁，是恒物之大情也。（大宗师）

如果藏与被藏合而为一，把天下藏到天下中，那就是永恒的存在与包藏，永恒的合一，也就没有什么区分，也就永远不会走失。

看到“有”，也要看得到“无”

承认客观世界的存在，君子们才战战兢兢，谦恭谨慎，只是不免小手小脚，哆哩哆嗦。而看到无的人，才是大气磅礴，逍遥无极，把思想抡足，把想象用神，叫作尽其所怀，畅其心性。古往今来，有几个这样的巨鲲神鹏式的人物呢！

睹有者，昔之君子；睹无者，天地之友。（在宥）

能够观察到客体存在的人，是前人中的君子；能够观察到天下的实质是虚无的，才是做到了与天地同游的天地之友之伴呢。

看透分、合、成、毁

不论什么事物，成与毁、合与分，是互相通达、本来就一体的。只有通达的人，具有道性的人才明白这个成与毁、合与分的相通相合为一。能把分、合、成、毁看穿看透，看到它们的相通相齐合一，这算得上通达之人喽。通达了就不必太过用心，大而化之，以平常、平庸之心对待也就行了。存在就是有用，这有点黑格尔说的“存在的就是合理的”的意味，也是合理的就会存在的意思。黑格尔讲的是理，老庄讲的是道。万物庸常，都能存在一时一处，说明它们都合乎道，都是有用的。

唯达者知通为一，为是不用而寓诸庸。（齐物论）

只有明达的智者才懂得成与毁的同一性。用不着斤斤于啥是完整还是毁损，有用还是无用，有用无用都是最平平常常的事体情理。

知天，也要知人

毛泽东说："世界上的知识只有两门，一门叫做生产斗争知识，一门叫做阶级斗争知识。"[①] 庄子也说，世间的知识、智慧分两种，一是知天，即了解与掌握天道、天意、天时、天机、天良、天心、天命、天之所为；一是知人，即了解与掌握人事、人文、人运、人和（人际关系）、人心、人欲、人道、人群、人众、人的动机与行为。有了这两方面的知识智慧，就算到了头啦。

知天之所为，知人之所为者，至矣。（大宗师）

知道天是怎么样运作、人是怎么样运作的，就算齐了。

---

①《毛泽东选集》第三卷，北京：人民出版社，1991，第 815 页。

形而上的思考会带来开阔、大气

糊里糊涂，是恍恍惚惚，是看不见、摸不着、说不清，心慌了却理不出头绪，张大了嘴硬是说不出话来。然而，模糊也是一种美，一种魅力，一种期待和进程，何况是终极，是无穷、无极，是超越一切与主导一切的呢。形而上的思考是会带来无穷的快乐的，它让你拥有作为人类灵性拥有者的独特精神享受，它带来开阔、大气、沉稳与冷峻。当然会有很多人享受不了，有什么办法呢?

生有所乎萌，死有所乎归，始终相反乎无端，而莫知乎其所穷。（田子方）

生自然是有所萌发之源，死自然是有所归宿之处，生之源与归之处方向相反，都找不到头，找不到终端，不知其穷尽。

把人生问题简单化

把人生诸问题复杂化、文化化、高深化，是一种学问，是一种积淀，甚至也是一种享受。但是世界上还有另一种学问、积淀与享受，那就是把人生诸问题简单化、初级化、通俗化。

全汝形，抱汝生，无使汝思虑营营。（庚桑楚）

你只消保全住你的形体，保护住坚持住你的生命，而不要蝇营狗苟于身外之物，不要处心积虑于自寻苦恼的欲望与私利。

成为你自己的主人

以人为本，包含着一个用意，即保持人的主体性。但是为什么人常常会俯首帖耳，被自己制定的东西框住管住卡住噎住呢？从某个角度来说，这方面最明显最突出的例证是语言的异化，即人创造的语言变成了人的主宰、人的上帝。

人为自己的创造物所制服，例证还有很多，例如有些原始宗教的祭天制度，中国历史上有过的为河伯娶妇制度。神话、迷信、规矩，都是人制造出来的，然后时有可怜人会成为它们的祭品。呜呼！人类什么时候才能真正做到自己是自己的主人呢？

彼，人之所引，非引人者也。（天运）

这种机械是被人所操作引导的，不能用它来引导人。

反求诸心，反求诸“理”

放下身段，再就是不要半途而废，便没有你到不了的地方。不仅是庄子，所有的中华古圣先贤，乃至一直到现当代的一些杰出人物，在各种问题上，在各种困难面前，都喜欢反求诸己、反求诸心，而且是反求诸“理”（这里的“诸”是“之于”之意）。他们认定，只要自己明白通透了各种大道理，只要头脑清晰、是非明辨，不搞私心、杂念、偏见，其他技术问题、工具问题就不会存在，就没有任何解决不了的问题。球打不好从思想上找原因，买卖经营不好是认知问题所造成的。这样的思路极可爱，却又不免天真。

君无形倨，无留居，以为君车。（山木）

国君只要能放下架子，也不要贪恋停滞在中途什么地方，便可以解决你的舟车的困难。

注重个人修养的提升

儒也罢，道也罢，注重个人的心功、修养、境界，提倡以高超的自我修炼与内心功夫应对繁复险恶的大千世界，它们自然相通，它们自然高明，它们自然也会有作茧自缚、没有多大出息的地方。

明乎人，明乎鬼者，然后能独行。（庚桑楚）

如果一个人不论是在人众中，还是鬼神中，都能做到光明磊落坦荡，这之后便能独行而无愧无惧了。

做个通顺的人

“通”意味着无隔阂、无挂碍、无黑暗、无窘态。再一想，已经没有那些成见偏见陋见了，已经顺了，已经自然而然地顺应一切、接受一切，听其自然直到逆来顺受了，还有什么不通的呢？“通”是一种态度，并不是一种学问或技巧。“通”是一种心态，并不是一种知识或智能。“通”是一种自慰，并不是对于一切挑战的成功应对与解决。甚至，“通”也可以是一种无奈，“不通”又当如何？如果你时运不济，如果你屡遭祸患，“不通”又将如何呢？你能提着自己的头发飞升太空吗？

三年而通。（寓言）

三年后豁然通畅。

做具有大智慧的人

大智慧从容舒展，小聪明锱铢必较。大智慧大而化之，小聪明是是非非。小聪明者都是“事儿妈”，大言说气势如虹。小广播、小报告、小嘟囔，啰啰唆唆、叽叽咕咕、支支吾吾。以大贬小，这是中华文化的特点之一，我们常常相信大的比小的宏伟、超越、高尚、长远、厚重。而例如日本人，则以制造小、轻、薄的商品为能事，迷于只有十七个音节的俳句。

大知闲闲，小知间间；大言炎炎，小言詹詹。（齐物论）

大知广博，小知精细；大言气焰盛大，小言则论辩不休。

善于积累你的存货

庄子的用意常不在于自然界的规律的科学性，而在于每一种自然现象都与大道相通，在于自然的道性。是的，宏伟、辽阔、高远、大言鸿论惊世都是可以的，关键在于你拥有的那点风那点水的积累有多大多厚多足，在于你有多少存货。如果只够浮一个芥子或芥草，却要做出不可一世的真理化身的姿态，虽然多方表演，作文化状，其实徒增笑柄罢了。

覆杯水于坳堂之上，则芥为之舟；置杯焉则胶，水浅而舟大也。（逍遥游）

用一杯水倒在房舍里的洼地中，只能用一根小草作船只，而放一只杯子就会粘到地上，无法行进，这是水太浅而船太大的缘故。

要永葆发展的眼光

一个学说，一个主张，我们要掂量一下它的自我评价。如果它认为自身已经竭尽了对于真理的发现与表述，如果它一心堵住继续探讨与发展的道路，如果它一心要宣布历史的终结、真理的终结、道术的终结，别人也就很难太相信它了。

其理不竭，其来不蜕，芒乎昧乎，未之尽者。（天下）

他的道理保持着没有止境的开放性，他的各种论点不会偏离于根本的宗旨，同时保持着茫然昏昧的混沌，不把道术讲满讲尽。

看得到清明，对混浊的判断才有意义

有多少人只看得到钩心斗角、蝇营狗苟、见利忘义、龌龊黑暗、愚昧无知，却硬是看不到大道，看不到玄德，看不到希望，看不到恩泽雨露。请问，完全看不到清明的一切，你对于混浊的判断与批评又有什么意义呢？

吾守形而忘身，观于浊水而迷于清渊。（山木）

我注意保持自己的举止外表，却忘记了自身的存在状态。我看到了流水的混浊污秽，而看不清清澈的渊潭的水纹。我失去了清明的头脑与眼睛。

心存阔大与终极，但不可傲视外物

庄子想的是阔大与终极，但是他不傲视外物，不伤害凡人与世俗，不执着于一时一事的是与非，不抬杠，不较劲，不搞头上长角身上长刺的小儿科的咋咋呼呼。他的思想与俗鲜谐，他的表达婉转曲折随和亲切，外圆而内方；这才是中华文化的理想范式，他不会走那种由于不甘寂寞而出口伤人与人为恶的嘴尖牙利的酷评的路子。

独与天地精神往来，而不敖倪于万物。（天下）

他独自与天地精神往来，但不藐视万物。

使命高超也需要实际的可行性

自以为使命高超，救国救民，禁攻息战，而且只求五升米别无他求，在半饥半饱中宣传政见，坚持不懈，然而不招人待见，不切实际，只有高尚情操与目标，却无实际步骤与可靠性可行性。这里的庄子很务实，甚至很老到。

以为无益于天下者，明之不如已也。（天下）

他们认为，一切对于天下无益的事情，与其跑去讨论辩白，不如干脆不做算了。

不要算计每一天

如果你不算计每一天，也就不会介意每一年，你不介意每一年，也就不介意你的或他人的一生一世一世纪一万年。这里边既有对为与不为的破除或超越，也有对个体生命存殁的超越。人最大的悲哀、最大的死结，就这样被化解了。世界永存，无终无始，无先无后，一亿年后与一亿年前，对于永恒来说，我们是存在在一个点，即道枢或环中之上。

除日无岁，无内无外。（则阳）

不介意时日就不会累积成年，忘掉了内里与自我也就能忘掉外界与周围的事物。

不能只考虑你自己

正如老子所说："吾所以有大患者，为吾有身，及吾无身，吾有何患。"太彻底了，太绝对了，可不是吗，及吾无身，叫作身无命无己无悲无喜无得无失，说吗吗无，吗吗皆无，无吗无患，无患无吗，当然就百分之百地无私无畏了。可惜的是，怎么样才能做到无身呢？五脏六腑、气血筋骨皮、五官七窍、四肢神经，要吗有吗，头脑中枢意志思虑，莫不牵连着记挂着此身此命此生此事，莫不保护着此身，照料着此身，爱惜着此身，也管束着此身。除非自杀，怎么能做到"无身"呢？

然而老子此话仍然是名言至理。我想我们可以从风度上理解，从胸怀上掌握。女（汝）固有身，人皆有身，你不能脱离开众身只考虑你那一身。你不能过分地身呀身，私呀私，己呀己的没完。你要懂得必要时轻身舍身的可能性与正义性，将正常情况下的爱身护身与考验时刻的轻身舍身结合起来，它的道理就完全了。

行事之情而忘其身，何暇至于悦生而恶死！（人间世）

专心去尽你的义务，办你应该办的事儿，应该完全不考虑其他，忘掉自身，连考虑自己的生死都顾不上，更何况你喜欢什么不喜欢什么……

不要使自己的内心动荡

儒家对于美德的大力提倡，使人们做点好事都会产生“有报也”的浅薄功利动机。这种图报的动机，与做了坏事怕报应的动机，表面上不同，实际上是一回事，都是内心承受的刑罚与肉体承受的桎梏镣铐。真人至人，首要的条件是不使自己的内心动荡，不居功，不惧过，不求名利，不避灾祸，这才是理想的精神境界。

施于人而不忘，非天布也。（列御寇）

做了好事，施与人恩惠，然后念念不忘地等待表扬或者回报，这不是天道，天造福于人从不需要念叨。

警惕滥情、私情

怨而不怒、哀而不伤、乐而不淫，这都是情的规范。孔子要求的是情的中庸化、适度化、非极端化。此类说法还有“发乎情，止乎礼”，以礼、以文明规范来约束情，说明孔子也看到了情可能的泛滥的消极后果。而庄子提得彻底：无情。这个提法客观上与后世被引进中国的佛家的一些说法接近。爱欲、烦恼、嗔怨，都是情。佛门剃度，要剪断三千烦恼丝——削发，应该说这是无情化的一项操作程序。也许情是对心智的一种干扰？是对老子所提倡的虚静心态的破坏？从中国历史来看，过多的情面、人情、私情的讲究甚至于有害廉政建设。绝对的无情难以做到，警惕滥情，警惕因私情而坏政务……也许我们从庄子的这一说法中会得到一些启示。

吾所谓无情者，言人之不以好恶内伤其身，常因自然而不益生也。（德充符）

我所说的无情是不因一己的主观好恶而使自己内心受伤害，正常地自然地生活着而不给自己的生活添加什么外物。

不要拘泥于道德化的幸福观

艰苦环境下的老友，在清明顺利的环境下反而可能少讲点友情交情，这并不值得伤感，而应该感到庆幸。庄子太懂得人情世态啦。他并不拘泥于道德化的幸福观。艰苦、险殆、压迫之下，也许会激活更多的友情义气，正如家贫出孝子，国乱显忠臣，而幸福的与正常的生活条件，也许人们更多地去注意自己。这个相忘定律又是庄子的伟大发现。直到今天这个发现仍然有效。现时就有这样的看法，认为战争时期饥饿时期的中国人民的社会风气比小康时期好得多。一面是生产力的巨大发展，一面是社会风气的严重堕落，这是许多人的认识模式。如果他们多读一点《庄子》呢？

泉涸，鱼相与处于陆，相呴以湿，相濡以沫，不如相忘于江湖。（大宗师）

泉水干涸了，鱼儿来到陆地上，互相吹湿气，互相吐沫子，互相湿润于万一。这很动人，却不如生活在江湖海洋之中各自过着幸福自由的生活，互相遗忘更美好。

不可为了现世的成就而得意洋洋

不知道为什么，庄子多次嘲笑那些自己得意洋洋的小官僚小官吏（其实在俗世眼里他们被认为是显赫的高官——大人物），嘲笑那些能混上一顶乌纱帽，能投合一乡一里一块土地上的人的心意，能因其品格而得到国君的首肯，进而成为一个什么侯国的土土的人五人六的家伙。庄子说，这种土土的人五人六，他们的见识不过是小蝉、斑鸠、朝菌、蟪蛄的水准罢了。

可以推测，莫非是庄子受过他心目中的小官小吏的气？庄子要在自己的言论中报复这些见识有限、挟权自重的土包子？

庄子是思想家，是幻想家，是文章家，是大师，他对于现世的俗人的形而下的东西，有一种高傲的轻蔑。

故夫知效一官，行比一乡，德合一君而徵一国者，其自视也亦若此矣。（逍遥游）

有些人的才智可以担任一官的职守，行为可以顺着一乡的俗情，德行可以投合一君的心意而取得一国的信任，他们自鸣得意，就像小麻雀一样。

不要因为私利私欲而偏颇执拗

我们从来反对轻举妄动，反对浮躁，反对揠苗助长，反对缘木求鱼，反对南辕北辙，反对没事找事。我们心仪的是以静制动、以柔克刚、以不变应万变。给自己留下空间，即选择的空间、汲取的空间、包容的空间、创造与超越的空间。反对自满，背包袱、先入为主，僵化呆板，死守祖训、抱残守缺。只消想想中国走向现代化的历程之曲折艰难、阻力之大、代价之惨重，我们就应该能够明白其中的重要性了。

正则静，静则明，明则虚，虚则无为而无不为也。（庚桑楚）

人内心端正了就会走向平静，平静了就会明洁，明洁了就会虚旷阔大，虚旷阔大了就能够本身不做什么而万物万事该怎么作为就怎么作为。

不可以膨胀为荣

不知惭愧，不知受教育。以牛为荣，以膨胀为荣，以青蛙凸肚子为荣，越是芝麻官，越是一知半解，越显得哪儿都装不下。用《红灯记》中李玉和的唱词说，这些人“反把耻辱当光荣”。至今，有多少人走到哪里都有特殊待遇，而最不愿意的是与老百姓打成一片。何年何月，要人们能与百姓打成一片；何年何月，百姓们能与要人们争席抢位子呢？也许庄子说的是白日做梦？

大白若辱，盛德若不足。（寓言）

要知道，真正的纯洁，恰恰好像是具有什么污点，而真正伟大的德行，恰恰好像颇有不足之处。

不要脱离万物，脱离天下

如果只知以辩对辩，能有什么真正的学问与发明创造呢？用语言、言语去跟踪与分析语言、言语，脱离了实际，脱离了万物，脱离了天下，你的成就会大受限制。

但是，我们的长期问题是注重实用理性，注重治国平天下，不注重纯粹思维，不重视为学术而学术的思考质疑与讨论。学术上是不能过分急功近利的，对此我们是应该反思了。

骀荡而不得，逐万物而不反，是穷响以声，形与影竞走也，悲夫！（天下）

放荡散漫而没有什么正经的心得，追逐万物万象而不知回头，这就像用声音去制止回响、用形体和影子竞走一样，真是可悲啊！

不能也不该漠视一切

你不能也不该漠视一切。你对于是非的超越不是由于你的弱智，而是由于你的超高智商。具有真正的高智商的人，其实并非永远不具有是非真伪的分辨能力与兴趣。无为而无不为。他舍弃的是嘀嘀咕咕，他得到的是微微一笑或轻轻一点，稍一点拨，是非真伪已经了然于胸。也许百分之九十的争论其实是不足挂齿的，是不值得一提的。然而总还有百分之十以下的事情、话题、论点、主张，值得认真对待。你不妨举重若轻地指出虚伪，糟粕其糟粕，精华其精华，不论效果如何，总还要求一个明白透亮。哪怕这个明白透亮只是留给旁人，叫作知其白，守其黑。

道隐于小成，言隐于荣华。（齐物论）

大道被渺小的成见所遮盖（或在细小的进展中隐藏着大道），言论被浮华的语词所阻隔（或在各种飘忽不定的语词中隐藏着箴言）。

最好的友谊是相忘于江湖

用不着故意交友，用不着拉拉扯扯，用不着我给你办事你给我办事。友谊的基础是理念，是气质，是对于俗世争夺的绝对超拔，是精神能力与境界的高蹈超越。

庄子的彻底性在于，他认为最好的友谊是不必记住的友谊，是相忘于江湖、相忘于大道的友谊。

孰能相与于无相与，相为于无相为？（大宗师）

我们的交友就是不交友，不往来，我们的做事或相助，就是不做事不相助。

不要本本主义

仅仅以语言文字的形状、名称、读音、视听感觉与印象来感知世界，这靠得住吗？用语言文字的视听感受来寻找对于世界的视听感受，这是足够的吗？遵循着文字—书籍—知识—意义—智慧的路线来尊重文字与书籍。庄子问，这样一个路线是必然的与完全可靠的吗？仅仅从有着一定形色名声的文字上能理解多少含义、多少知识、多少智慧呢？两千三百年前，他已经不接受本本主义了。

世虽贵之，我犹不足贵也，为其贵非其贵也。（天道）

世人虽然珍贵书籍文字，我却不认为它们有那么珍贵。因为书籍与言语的珍贵并不是真正的最高的珍贵。

避免沦入各种概念的陷阱

人很奇怪，各种说法、各种概念都是人造出来的，造出来后却让人发疯发痴，夸张失度，自寻苦恼，自取灭亡。人是有一种天生傻气的，不无可爱，不无偏颇，不无可叹，不无可悲。

演门有亲死者，以善毁爵为官师，其党人毁而死者半。（外物）

演门那边有个人死了双亲，因为极度哀伤日益消瘦而传出了孝名，并因之封了官。他的同乡群起仿效，一个个为孝名消瘦毁容，死了一大半（却并未混上一官半职，即使混上了也因死得快未有可喜）。

第二章

我是谁：自我的寻找与认同

请开始思考你自己

呜呼，人是多么悲哀！你不知道如何来的也不知道如何去的，你不知道天外之天也不知道天内之万物，却还要彼此争辩恶斗。你以为你自己是独立的？你是不是也像影子一样地随着主人的形体，随着命运与大道，随着历史与气数而行止坐起？反过来说，所谓主人形体是自主的吗？它又是随着什么行止坐起呢？你想过这个问题吗？你能知道为什么人或人的形体要行止坐起吗？你能知道为什么没有另样地行止坐起吗？

曩子行，今子止；曩子坐，今子起；何其无特操与？（齐物论）

你（影子）一会儿跟着形体走动，一会儿又跟着形体休止，一会儿跟着形体坐下，一会儿又跟着形体起立，你怎么一点独立的操守都没有啊。

我是什么？我从哪里来？

我是什么？是各种感知与情绪的总和？是身体各部位百骸、九窍、六脏的总和？是先有身体与各部位还是先有了自我？如果说是先有身体后有自我，那么这个自我是从哪里来的呢？

或者说，自我是指我的灵魂，那么我要拯救自己的灵魂，如基督教的教义所演讲的，又是什么意思呢？显然，我之所以可能审视、评估、推敲、折磨与救赎自己的灵魂，是因为自我比灵魂更高更主宰更清醒也更能采取措施，更有能动性；是因为灵魂可以成为自我的主体，更可能成为自我的客体，为自我所用所处理所认识所抚摸所戕害所挤压或者予以舒展飞扬。

如是皆有为臣妾乎？其臣妾不足以相治乎？其递相为君臣乎？其有真君存焉？（齐物论）

如果它们之间并无区别，那么它们对于主体来说，都是主体的下属臣妾吗？都是臣妾就没有主次与从属的关系了吗？还是互相从属？这当中有主体的主宰者吗？

自我存在的要点在于道

拧紧老庄的说法，自我存在的要点在于道，我是道的下载、道的感悟、道的启示。道是万物的本质，也是生命的本质，是思想与追寻的本质，也是“我”与“我的”的本质。道是全部，是一切，是永远也是无穷，是运动也是造化，是本体也是驱动，是本源也是归宿，是客体与主体的统一，是物之齐、论之齐、生死与是非之齐。道又体现于一切，又表现为感知为思考为一切的生动与具体、一切的瞬间与个别。所有对于“我”与“我的”的思量与感知，都是道心道性的表现。

如求得其情与不得，无益损乎其真。（齐物论）

找得到或者找不到主宰者，对于主体的存在、各部分的存在，又有什么影响和损失呢？

道更多的是一个质的问题

才可以量化，道则不是一个量的问题，更多的是一个质的问题。即使有了圣人之才了，没有圣人之道、圣人之品德与根基，为了仅仅是让他闻道，还不是得道，帮助起他来，仍然很费劲。

不然，以圣人之道，告圣人之才，亦易矣。（大宗师）

不行的。仅仅是以圣人之道去传授给圣人之才，说起来很容易。

尊重自然，尊重天道

万物成为今天这个样子有它的原因与根据。科学家也是如此，你发现了一个原理、一个公式、一个材料，那首先是由于大自然中蕴藏着这样的原理、公式、材料，蕴藏着这样的被发明发现使用开发的可能，千万别以为是你改变了世界。

庄子，强调的则是圣人对于自然、对于天道的尊重，与俗人的喜欢自我折腾、自讨苦吃、自找麻烦、自不量力成为对比。

圣人安其所安，不安其所不安。（列御寇）

圣人让本来安定的东西就此安定下去，让本来就不安定的东西不得安定下去。

相信人具有天生的、天赋的光辉

相信人自然而然的天生的、天赋的光辉，这个想法很美，但很少人有这样的自信。人们常常感到的、所不平的，不是天光，而是天生的倒霉、天生的不如人、天生的受冤受气。汉语中，对于这种美丽的想法有一个说法：你想得美！

宇泰定者，发乎天光。（庚桑楚）

心宇（即内宇宙）泰然安定的人，能够发出映出天然的光辉（而无须人为的追光或光环）。

一切内心修炼都不能是单一封闭的

一切内心修炼、精神洗涤、净化自我的努力之所以有意义，离不开人的自然而然，离不开逻辑的通畅与人性的合情合理，离不开生活的凡俗性日常性常识性，既意志化又自发化、自流自发、自然而然的性质。讲太多的心功呀，心魔呀，洒濯呀，其实只是自欺欺人，浪费精神，或者干脆是走火入魔。

外内韄者，道德不能持，而况放道而行者乎！（庚桑楚）

内心和外表都跟自己较劲，就是富有道德修养的人也难于自我把握，何况像你这样正在学道之人呢！

学会互动，才能互证互正

人的学习体悟是怎么回事呢？表面上看只是吸收、汲取外来的信息，其实任何信息都需要经过验证、选择、消化。你的经验，你已有的世界观、人生观、价值观，你的思路与良知良能，必定时时与外来的信息碰撞、交融、互动。学道，学术，学艺，其实都是互动的过程，你本身动不起来，学什么都没有戏。就拿我正在写的这本书来说，我追求的岂不就是正者证也，互动才能互证互正，互正了才会是天门大开，道思泉涌，道心绽放，道性受用。而你自己不以为然，动不起来，天门也就对你永远地关闭了。

正者，正也。其心以为不然者，天门弗开矣。（天运）

比证、证明就是纠正、端正，心里不能信服大道，天门——大道的门也就不会向他打开。

清醒认识你的位置

看起来，尊敬乃系由被敬者、受敬者全部享用，于是被尊敬者可以神气活现，可以颐指气使，可以无限膨胀，但其地位其实取决于正在实行尊敬崇拜、行礼如仪、欢呼万岁的群体或规则、人气，乃至偶然。实际上被敬者是为希望达到某种目的的人群所利用，用完了你吗也不是，踩也就踩了，烧也就烧了，丢也就丢了。盛衰荣辱浮沉，有时候竟是赶上什么算什么，没有太多的道理可讲呀。

这对于克服教条主义、原教旨主义应该有点警示作用。问题是庄子同时又宣扬越古越好的思想，古代名家照样有自相矛盾的地方，故难免也。

及其已陈也，行者践其首脊，苏者取而爨之而已。（天运）

等葬礼完了，刍狗用完了，茅草扎的玩意儿任凭行人踩踏脑袋身体，任凭打柴的人拿它们去烧火做饭。

不要丧失自己的主体性

诸侯、君主、大臣，还有用嘴皮子立论的圣贤。这些人出人头地的前提是有人跟着他走，听他的。把一个人的成就感直到安身立命与否的判定寄托在他人的认同上，这本身就已经丧失了自己的主体性，已经被动，已经水准不高了。庄子的这个论断有点厉害。原来以掌握威权为人生标杆的人，实际上是在丧失自我。掌握威权的结果，是自己首先被威权。被一时的多数，被潮流所掌握，那就还不如"众"，不如做个老百姓，而得道得趣者，相对能自得其乐，能自我逍遥，能自得其道，能自我完成。

同于己而欲之，异于己而不欲者，以出乎众为心也。（在宥）

希望别人和自己相同，不愿别人和自己不同，这是存着出人头地的心理。

不要只在意外形，更要重视精神品位

在我的人生经验中，我知道性感的组成元素中不仅包含着生理的特质、生理的资源，同样也包含着精神的心理的特质与资源。聪明、幽默、勇敢、豁达、决断、热烈、承担、自信，都是男性的性感要素。一个女性，除上面所说大致需要外，当然我们还会想到温柔与美丽。这里说的美丽不纯然是外形，更应重视的是精神品位。

或者，由于习惯的关系，我们也许不必大谈性感，而换一个词，叫作活力、生命力、人性化与人情味儿吧。这里包含面容与形体，更包含性格与精神境界、精神能力。这方面好的人物，不仅吸引异性，也给同性以巨大的表率、鼓舞、启发和快乐。

与寡人处，不至以月数，而寡人有意乎其为人也；不至乎期年，而寡人信之。（德充符）

和我相处，不到一个月我就觉得他有过人之处；不到一年，我就很信任他。

精神完整，对形体的完整的努力才有意义

庄子强调内涵比外形重要，实质比现象重要，精神比物质重要的道理。他的举例满天飞舞，他的雄辩淋漓酣畅。他的用意在于指出人们为了形体的完整会有许多努力、许多讲究，却不知道如果没有精神、才德的完整，那些对于形体的完整的努力其实都丧失了意义。而具备了精神上的完整以后，对于形体上的完整的计较，就更没有任何意义了。没了脚丫子再爱惜鞋子，在战场上壮烈牺牲了，再搞装饰棺木的一套玩意，大可不必。我们还是把心思集中到维护精神的完整与德行的完整上来吧。

形全犹足以为尔，而况全德之人乎！（德充符）

仅仅为了外形上的完美无缺，已经有这样的讲究，何况一个全德即道德上完美无缺的人呢？

不要把改造世界与改造自身对立起来

中华文士，除了对于社会对于环境有所理想有所期待以外，还特别对自身有所理想有所期待有所努力。如果说托尔斯泰追求的是个人的、自我的道德完成，那么庄子追求的则是个人的、自我的智慧完成，是精神生活内心世界的美好与自由的完成。我们没有理由把改造世界与改造自身对立起来，我们没有理由把斗争性与谦和性对立起来，我们没有必要把社会环境的理想性与个人品德操守风度的完美性割裂开来。毋宁说，社会的幸福与进步是个人的幸福与发展的必要条件，而个人的完满与境界的提升，将大大有助于去缔造一个更美好的社会。

故其好之也一，其弗好之也一。其一也一，其不一也一。（大宗师）

天和人是合一的，不管人喜好或不喜好，都是合一的。不管人认为合一或不合一，他们也都是合一的。

在人生的过程中要认清你自己

往悲凄里说，什么是梦，什么是醒，谁又解说得出来？庄周为什么梦见成了蝴蝶就那么适志、那么快乐，而回到了庄周，就那么狼狈、那么局促，蘧蘧然，他为何紧张呢？你以为这只是做文章吗？人生的过程当中，命运的起落当中，恰恰有令人闹不清身为何物，身在何处之感：舒服了不像你自己，像是在梦蝶；不舒服了呢？就一定是你自己吗？不会一觉醒来，己与人都面目全非了吗？卡夫卡的《变形记》也是同样的主题，比庄子晚两千多年，卡夫卡是写一个人突然感觉自己变成了甲虫。那是一个令人压迫的故事，与庄子的风格相差亦远矣。我则早在一九八〇年就写了中篇小说《蝴蝶》，我当时是怎样地为起了这个题名而兴奋呀。

不知周之梦为胡蝶与？胡蝶之梦为周与？（齐物论）

不知道是庄周做梦化为蝴蝶呢，还是蝴蝶做梦化为庄周呢？

人对于自己的关注要全面仔细

人对于自己的关注要全面，要仔细，你顾到了个人的生活清洁、身体康泰，却忽略了外部世界会有的危险；或者你注意了树立形象、多方关系、左右逢源、一呼百应、畅通无阻，结果一场小病就能让你一命呜呼。这告诉我们，要反观自身的不健康因素、病灾因素、致命因素，这些负面因素就好比牧羊人放牧的羊群中的后羊，后羊哪怕只有一只，却能搞坏全部羊群。

善养生者，若牧羊然，视其后者而鞭之。（达生）

懂得养生的人，他的养生之道就像是牧放羊群，关键是用鞭子驱赶落到后面的羊。

人生是假借与自我的结合

人生是确定与非确定的结合，生前不知所居，死后不知所往。又是假借与自我的结合，自我自我，你自得了我吗？你当得了你自己的家吗？你是客居，是过客，还是主人呢？天地是否仅仅是你的逆旅（即旅馆）呢？人生是否只是天地间的过客呢？

西方的租赁行业比中国发达，业内中人曾经对我说，中国人太注意拥有而不愿意接受租借、暂借，庄子这边叫作假借。西方人说，其实生命也不是永远由你拥有的呀，生命是你暂时从上帝那边租借而来、假借而来的呀。

生者，假借也；假之而生生者，尘垢也。（至乐）

生命，不过是假借躯体、假借天地的暂时寄居，假借什么而能以生存呢？假借的是尘垢泥土罢了。

活在当下

贤人乌托邦、圣人乌托邦、大师乌托邦，古已有之。“生活在别处”，这个法国诗人兰波、捷克作家米兰·昆德拉最心仪的句子，古已有之。庄子认为，这样蛊惑人心的句子，正是自命精英的骈拇枝指悬疣们制造出来的祸国殃民的毒雾。与之对应的佛语“活在当下”倒还对味一点。可今天呢？古老的神州百姓，特别是神州的知识分子们啊，你们什么时候能够长大成人？

足迹接乎诸侯之境，车轨结乎千里之外，则是上好知之过也！（胠箧）

足迹一直达到许多侯国，车辙留在了千里之外，这都是从上头开始就喜好智巧的过错呀。

不要这山望着那山高

不认同自己，不珍惜现有，总是认定自己冤屈倒霉。这样的感受本来可以理解，可以同情，但人人如此了，未免无益而且讨厌。我们说的这山望着那山高，我们说的“生活在别处”（语出法国诗人兰波），我们说的异化，不是庄子早就指出来了吗?

不能说人类不需要这样的反省：人类费了那么大的劲，为自身的美好生活创造积累了那么多观念、理论、知识、技术，然而这一切都是必要的与聪明的吗？有没有多余？有没有自找麻烦，自寻烦恼？不想不知道，也许会一想吓一跳。而庄子那么早就想到了这样的问题了。你能不佩服他吗?

夫不自见而见彼，不自得而得彼者，是得人之得而不自得其得者也。（骈拇）

那种看不见自身只看得到外物的人，只羡慕别人而不能自我欣悦的人，是不知道自己应该珍惜属于自己的一切，不懂得自身的内在需要，而只盯着别人的需要与别人为你所做的规范的人啊。

认同自己，也要认同万物

庄子是讲究认同的，与世界即与天下认同，与生老病死、祸福通蹇的种种生存状态认同，与世界的本质、本源即大道认同，对永远既不封顶又不保底的时间、变化认同，对万物的寿夭、美丑、时运、品性的多样性认同，并从而淡化对于万物的不同处的计较。

夫天下也者，万物之所一也。（田子方）

至于天下，是万物共同生息的地方，是万物的同一性的根本。

多数与智商并非成正比

庄子居然早就对于多数少数问题有所思考。他提出了多数的愚蠢的可能性，客观上通向多数的暴政的可能性，多数与智商并非成正比的问题，这里有点易卜生主义的味道。他抨击对于多数的迷信，也有尼采的光彩，尼采曾经宣布："我是太阳。"

而今也以天下惑，予虽有祈向，不可得也。不亦悲乎！（天地）

如今这世道，整个天下都糊涂啦，我虽然有点见解，有点救世的用心，但是照样起不了作用。太可悲了！

做一个特立独行的人

庄子强调一个人要特立独行：举世夸赞，不足喜；举世反对，不足忧。这比老子的宠辱无惊说得还强烈，还掩盖不住火气。是不是他有过与公众对立的不愉快的经验呢？到了后世，到了北欧的易卜生那里，真正有远见的至人圣人，则被攻击为“国民公敌”矣。

只有内力超常，才能不在乎举世的誉与非，同时只有明于外，才能将外置之度外；于是能够物物而不物于物（主动地操控外物，而不为外物使役控制），不至于只能被动地迎合外物、常常难合外意、永远尴尬狼狈、捉摸不透命运。不为举世的荣辱之论而干扰。

一般人很难做到这一步，谁能完全不受外物的影响？谁能完全做到“不以物喜，不以己悲”（语出范仲淹《岳阳楼记》）？谁能完全感觉不到异化、感觉不到个人与环境的疏离？人们其实也难以做到视外物如无物。中国人从俗的说法则是“岂能尽如人意，但求无愧我心”，这就算是降格以求的中庸之道了。

且举世而誉之而不加劝，举世而非之而不加沮，定乎内外之分，辩乎荣辱之境，斯已矣。（逍遥游）

举世夸奖他（宋荣子），举世非议他，他都不放在眼里。他搞得定内外的区分，不受物议即外物的影响。他辨得清荣辱的处境的应对。如此而已。

首先要把自己的事情弄好

“各人自扫门前雪，休管他人瓦上霜”，国人有这种说法，不无道理。每个个体把自己的事情弄好，社会相对也会较少地出现麻烦，但这又太忽视了群体、社会、社会关系的作用了。

夫子亦放德而行，循道而趋，已至矣，又何偈偈乎揭仁义。（天道）

先生，您任凭自然的德性行事，遵循顺遂着大道去行动与靠拢，这就是做到家了，又何必急急忙忙地宣讲闹腾仁义？

时常思考，提升你的精神境界

必须承认，人生一世，除了具体事务的处理和业务性的观察、分析、判断、回应之外，最好每天有那么一两刻钟，甚至个把小时，遐想一下，追寻一下，自我调适一下，往精神的巅峰攀缘攀缘，提升提升，你会变得更丰富，更有想象力，更超拔，更快乐。学而时习之，不亦说（悦）乎？思而时悟之，不亦乐乎？修而时明之，不亦宽阔畅快乎？

玄冥闻之参寥，参寥闻之疑始。（大宗师）

寂静平安沉着的前提是参悟到完全的虚空旷阔。而虚空旷阔的体验来自对终极与起源的推敲斟酌。（我觉得“疑始”之“疑”的含义作斟酌推敲解比作疑惑解更好。）

增强分清是非苦乐的能力

人的可怜之处在于常常会人云亦云，跟风逐浪，道听途说，当跟屁虫，糊涂被动，自以为自己在那里找乐避苦，其实是盲从跟风，事与愿违，自己根本没有分清是非苦乐的能力。时兴瘦身，于是减肥减到厌食丧命的程度；时兴美容，于是美到足以毁容的程度；时兴敛财，于是敛到伤生坐牢乃至被处决的程度；时兴求官，于是丑态百出、蝇营狗苟……瘦身、美容、敛财、升官，真的就适合你最大最乐的需要吗？完全不一定。但是谁能免俗？谁能当真拥有独立之人格、自由之思想？谁能不管风习与舆论，说得清自己的最乐最需最适宜的到底是什么？

吾观夫俗之所乐，举群趣者。（至乐）

根据我的观察，俗人的所谓快乐，都是随大溜、赶浪头、人云亦云、人乐亦乐的结果。

人需要正确认识“自我”

我就是我的感觉与情绪吗？喜怒哀乐、疲累煎熬是可以变化、可以或难于控制的，感觉有时候提醒自己、有时候欺骗自己、有时候令自我欣赏、有时候令自我厌恶。看来，感觉不一定靠得住。但是“自我”要长期与稳定得多。当你想到我太倒霉了、我太脆弱了、我太狭隘了的时候，你是在反省自我，批判自我。当你想我要开朗，我要乐观，我要坚强，我要清醒，我要经得住风浪考验的时候，你正在调整或者激励“我的感觉”“我的情绪”，那么我就不仅仅是感觉与情绪。我有时大于、长久于、稳定于、高明于“我的”感觉与情绪。

同时，也有另一种情况，主体的我，感觉自己硬是了然不得、解释不得、管不得自我。主体的我还在犹犹豫豫万般无奈的时候，客体的我已经凭本能、凭肾上腺激素、凭感觉决定行事闹出一系列风光来了。有时候恰恰是客体的我、没有想清楚的我比主体的理性的我更加丰富、干练与伟大，更加事迹辉煌。当然，也有自我控制不了的那个自我冒傻气乃至做错了事令主体的自我懊悔莫名的时候。

可行已信；而不见其形，有情而无形。（齐物论）

这样的缘故或主宰，已经在那里运作着了，主体、客体已经在那里区分着了，却令你抓不着一个把手，看不到一个具体的形象，它合乎情理，却不具备具象。

承认你的渺小

你很渺小，人都渺小，世界根本不会按你的意思运转，你不要抱什么希望，更不可摆出一副重任在肩的架势。有了这些冷准备、冷地基，庶几略图伸展一下，做一点有用有益有理有利有节的事，见好就收，急流勇退，独往独来，无喜无悲。能够提出独往独来，也算有中国特色的知识分子独立性的一种说法啦。有趣的是，这种独立是出世、退世、遁世的产物。

独有之人，是谓至贵。（在宥）

你能做到独有——独立了，这才算至高无上。

人的主观具有局限性与无效性

看了不等于见着了关键、要害、本质；指出了不等于到位了、切中了、准确了；到位了不等于充分了、全面了、透彻了。这都是说明人主观的局限性与无效性。这样的说法很像我们参加的一些会议，很多人发言、讲话、提意见、作总结、通过决议，很多人都是如此。

目不见，指不至，至不绝。（天下）

眼睛是看不见什么的，指事的概念不可能到位，也不能穷尽。

勇于否定你自己

庄子提出要勇于否定自身的伟大命题，你会怀疑你不习惯不熟悉的外来的东西，但是那些你习惯你熟悉的东西就永远那么靠得住吗？靠得住，为什么我们有时候会落后，有时候会走弯弯绕的路？人真是太需要学习长进了。某个时候，某些问题上，你好高骛远，胡作非为，自我失败；另一个时候，另一些问题上，你却抱残守缺，讳疾忌医，打肿了脸充胖子，使自己一错再错，坐失良机，这是向着被开除（地）球籍的下场走去。庄子这两句话概括得精彩极了。我们的思想者们，对此能够提出点有创意有针对性的见解来吗？

皆知非其所不善，而莫知非其所已善者，是以大乱。（胠箧）

都知道否定他们所不喜欢的东西，却不知道否定与超越他们已经接受、已经入了局、已经奉为圭臬的一切，所以才会出现天下大乱的局面。

不要对自己估计过高

士、读书人，容易犯的毛病是理想主义、理念主义，他或她读的书都是推崇理念而抱怨现实、详论理念而马虎现实的。他们容易犯的毛病是迷信理念、盲目推销、不务实际、无补民生、空谈误事、浊气拥塞、受挫失败、教条主义、白白搭上小命。而拥有权力的人、君王相国们，容易犯的毛病是急功近利、注重实效、目光短浅、喜怒无常、不择良莠、偏爱宵小、自以为是、机会主义、实用主义……二者对立的结果是书生送命，君王败绩。

褚小者不可以怀大，绠短者不可以汲深。（至乐）

布袋小了就不要用它装大物件，绳子短了就不要用这种汲水桶去打深井里的水。

做人要切合实际

我们都有好高骛远的毛病，我们都有过高估计自身的习惯，喜欢听高头讲章，喜欢听高谈阔论、豪言壮语、大话连篇、牛皮震天或者装腔作势、朗诵表演、假戏真做或者就是假声假唱；然后生吞活剥了一些似懂非懂的道理说法，学到一些斩钉截铁的结论判决，最后害人害己，却还以为自己是在救人救世。

若趎之闻大道，譬犹饮药以加病也。（庚桑楚）

像我这样的不知道自己病患在于何处的人，听您讲说大道，就像是吃了不能吸收的好药反而加重了病情一样。

做人不要自我膨胀、忘乎所以

极易自我膨胀、忘乎所以的人类，是需要不断提醒、不断警示的：天外有天，论上有论，高明之上还有更加高明，切莫以井底之蛙的姿态狂言傲语，自现丑态啊。

然而，这又与庄子讲的多样性、非可比性相悖。井底之蛙，乐在井内外，又有什么可嘲笑的呢？为什么不应该安于此井、乐于此井呢？

于是坎井之蛙闻之，适适然惊，规规然自失也。（秋水）

浅井里的青蛙听了，一阵惊惧，嗒然自失，一下子就蔫了。

不要动辄用道德衡量外界

道德主要是自律的问题，孝悌、仁义、忠信、贞廉等等，自己应该学习之、力行之，但是不要动辄用这个来要求别人、衡量别人、责备别人，搞人肉搜索，也不能仅靠道德理想来要求社会、衡量社会、责备社会、运转社会。管理社会，还是要靠法制。以泛道德论治国，有它的理想主义的魅力，但不现实，而且容易成为不同政治利益驱动的互相攻击的口实。

我们自身也面临同样的争议，孝悌、仁义、忠信、贞廉，当然好，但是难以用它们来组织公共管理与人民生活，尤其是经济生活。而法律完备、规则细致、公平交易、明码标价、手续严格、操作准确、奖惩分明、正当竞争等等，从道德的观点来看也许远非理想、完美、高尚，然而，它们符合发展生产力与市场经济的要求。

夫孝悌仁义，忠信贞廉，此皆自勉以役其德者也，不足多也。（天运）

这个孝悌仁义，还有忠信贞廉，作为理念自己勉励自己，做到高度的自律，追求个人的道德高度，这当然是好的，对别人白话得太多了并无必要。

合理认识概念神的存在

西方人的上帝是人格神，老庄的大道是概念神、理念神、真理神、哲学－数学神。最后，人格神也会向真理神靠拢，因为神过于人格化了，会与神性相悖，如米兰·昆德拉就纠缠于耶稣是否进卫生间的问题。而概念神在被崇信被歌颂之时，也被稍稍地、悄悄地人格化了，否则难以成为情感寄托的对象。

同时，道与万物的互动是没有什么人能够弄得清的，道本身并不是固定与明确的，道若有若无，若静若动，若虚若实，若始若终。而人们的本性是，越是神秘，越是没有准头，它就越受欢迎和迷恋。

故金石有声，不考不鸣。万物孰能定之？（天地）

金石有佳音，不敲无以鸣。天下万物，谁能认准它们与大道之间的互动互应，谁能对于大道有一个明确固定的认识与表述呢？

不可被概念名词所统治

一切概念名词，包括崇高、伟大、永恒、信念、理想、主义、献身、光明、神圣、友谊、天堂、幸福、人民、事业等等，都是一样，不可不用不信，不可自己跟自己较劲，不可反过来被概念名词所统治所异化，不可为了崇高伟大的名词而做蠢事。

神而不可不为者，天也。（在宥）

本来是形而上的概念，我们却要视之为行动的要求、行为的准则的，则是天意。

不要做随波逐流、随风飘摇之徒

庄子强调的是个人的主体性、坚持性、稳定性，嘲笑的是风波之民，是随波逐流、随风飘摇之徒。这也太难了，尤其是风急浪大之时，能够稳得住自己，可不是易事啊。多读几遍《庄子》吧，好处太大了。

天下之非誉无益损焉，是谓全德之人哉！我之谓风波之民。（天地）

别人说好说坏，对于他既不能增添什么也不能损伤什么，这才叫德行完满啊！而我这样的，只能算作心神不定为风波所摇荡起伏之人呀。

做好自我管理

西方世界的说法叫作“各人管各人，上帝管大家”。只管自身不管社会国家群体，当然不对，至少是缺少集体主义、公民意识与社会责任。不管自身却只盯着旁人，所谓“专门利人”，也不可思议，至少是太稀罕。正常情况下，一个公民管好自己的身心健康，言行规范，维护权益，遵纪守法，道德自律，精神正常，恪尽职守，敬业乐群，完粮纳税……乃是对社会对亲属对朋友也是对国家的很大贡献。一个国家或地区的居民大多数能做到上述种种，这个国家或地区就已经相当幸福先进富强文明。至少这样的居民在群体中起的是正面的稳定的健康的作用，不是负面的病态的扰乱的作用。

古之至人，先存诸己而后存诸人。（人间世）

古时候的“至人”，先求充实自己然后才去扶助别人。

善于用辩证的道理约束自己

庄子注意风度、面容、表情。他提倡的是亲和，是恬淡，是镇静，是稳重，是冷峻，是举手投足一颦一笑的含蓄与内敛，他不赞成极端、放肆、夸张、发泄过度，他坚决唾弃歇斯底里。他主张用辩证的道理约束自己。身躯可以高大，同时要警惕高大者容易出现的不稳定感。自视可能不无遗憾，但是完全不必现出一副触了霉头的瘪三相（不足而不承），人可以特立独行，我行我素，但是犯不上与他人叫板作对，等等。

邴邴乎其似喜也，崔崔乎其不得已也，滀乎进我色也，与乎止我德也。（大宗师）

舒畅自适好像很欢喜，一举一动好像不得已；内心充实而面目可亲，德行宽厚而令人归依。

第三章

我本逍遥：自由地掌控人生

化人生的荒谬为逍遥

从卡夫卡的《变形记》、加缪的《鼠疫》当中，我们都能体会到那种刻骨的荒谬感，不同的是，卡夫卡与加缪的荒谬感是社会，而庄子的荒谬感针对的是人生。卡夫卡与加缪的荒谬感是沉重至极的，而庄子的神奇的思路竟然化荒谬为神奇，化荒谬为大道，化荒谬为逍遥与齐物！多么聪明的庄子！多么聪明的中国人！是不是中国人过于聪明了呢?

一受其成形，不亡以待尽。（齐物论）

一旦一个人禀赋父精母血、阴阳二气、天地之大德曰生，成就了自己的生命形体，他或她趋向死亡的运动也就开始了。没有死吗？等待着今后死罢了。

神人无功，圣人无名

怎么样才能做到乘天地之正，御六气之辩，以游无穷呢？在并无太空飞行的实践与理论的庄子时代只可以有一个回答：神游。你的一百多斤的身体虽然压在坠在地上，你的精神却完全可以逍遥遨游于无穷，也只有进入了无穷、神游无穷，得大自在，才能做到至人无己，不必为自我的俗利而操心费力。神人无功，不必刻意去做什么不做什么，进入化境，行云流水，万事如有神。圣人无名，自身的修养已入圣境，还要那个破名臭名虚名干啥？或者，“名”作概念与逻辑解，还费心费力地琢磨个啥？

一味地讲神游，一味地在心上使劲，在神上使劲，这里又不无悲凉，不无阿Q，不无无奈，不无忽悠，不无恍兮惚兮，四顾茫茫，大荒而且无稽。这正是中华文化的魅力所在、安适所在，也是悲剧所在、沉痛所在。

故曰：至人无己，神人无功，圣人无名。（逍遥游）

所以说，至人用不着惦记自身，神人用不着修练功法、用不着追求事功，而圣人呢，连名声也毫不在意，连思辨也无须进行。

体悟到了无穷，就是逍遥之游

一个人在精神上永远要有更上一层楼的追求。

而庄子要的只是天地之正、六气之辩，游于无穷——不游也全无所谓。懂了无穷，体悟到了无穷，就是逍遥之游喽！无穷才是根本，进入了无穷就是逍遥地游个不亦乐乎啦，才能真正地解放，真正地逍遥，真正地游——物物而不物于物，即使用外物，而不被外物使役；真正地主宰自身，优游自适。

若夫乘天地之正，而御六气之辩，以游无穷者，彼且恶乎待哉！（逍遥游）

如果不是这样，而是遵循天地的大道，运用六合即三维空间之气势，或运用阴阳风雨晦明之六气，游走于无穷之中（不只是十天半月了），那还有什么需要等待的呢？

掌握大道，才能自由地掌控人生

如果能够像庄子一样思考世界和生命、大道和自然，你也就可以像鲲一样地畅游于南冥北冥，像大鹏鸟一样地背负青天，抟扶摇而上九万里……欧美人希望通过科学而使人成为巨人，而庄周要的是大道，然后无所不在、无所不能、无所不灵……这是非常中国式的抓关键，抓牛鼻子，一通百通，一劳永逸的整合性、统一性思想方法，这种思想方法既神妙灵动，又天真可爱；既富有想象力，富有自慰力与吸引力，又常常会变成空谈，耽误了许多实际事务：包括工农兵学商、天文地理政治经济、数理化文史哲直到衣食住行吃喝玩乐。

善夭善老，善始善终，人犹效之，而况万物之所系而一化之所待乎！（大宗师）

人应该善于年少，善于年老；人应该善于开端，善于结束。这样好好地度过自己的从少到老从头至尾的一生的人，是值得效法的，更不必说是决定万物的存在与变化的那个大道了。

要为逍遥自由留下余地、空间

人愿意的是耳聪目明，器官与心智都畅通无阻，活得明白透彻通达顺当，同时又保持个性，保护自我。这样，不必太执着太较劲太高调太亢奋。房塌了，窝端了，你就拐个弯。跑得太快了，你还得东张西望一下，回头看一看，免得出事故，用庄周的话叫得踌躇一番。为了畅通与开阔，人必须为自己留下足够的空间，你不可能老是在那里拼刺刀，或充当人体炸弹，或老是鼓动旁人当人体炸弹。留下空间，留下余地，游而由之，就是自由自在自适自乐，就是随性随天，就是顺生顺道，顺各种通道。游则由，由则游，逍遥游就是逍遥自由！

人有能游，且得不游乎？（外物）

人若能随心性而遨游，那么难道还会有不活动不自由不自在的吗？

真正的品德智慧操守是逍遥的前提

官迷自古有之，于今尤烈。原因之一在于自信的人太少，真正有本事、本钱、本领的人太少，而因衔成事、因位成事、因职成事、因运气成事的人太多。官迷愈多，愈说明人的孱弱、没有出息、没有头脑、不清醒、不自知。真正有品德有智慧有操守的人会害怕丢官吗？丢官才提供了自身真正一显身手的平台！再看看官场内外的蝇营狗苟的丑态！其高低美丑贤愚立见。

吾以其来不可却也，其去不可止也。吾以为得失之非我也，而无忧色而已矣。（田子方）

我觉得官职既然来了，就难以推辞，官运去了，也无法挽留。我觉得官职俸禄、得得失失本来就不归我，这样也就用不着为它发愁了，如此而已。

不留不守不迎不拒

万物万事万理，本来是增之不会多、减之不会少的存在，你能守个什么！不留不守，那么用不用为某些旧的过程的逝去而欢呼踊跃呢？不留不守不迎不拒了，少许多麻烦，但是做到这样通达与高瞻远瞩，是不是又显得冷血、过分随波逐流，乃至于混世了呢？

对于大道、宇宙、永恒与无穷大来说，个体的生命确实是渺小的，然而对于每一个个体来说，有生之年又是重要的，是享受也是奉献，是苦恼也是欢乐，是忧虑也是事功，是欲望也是圆满，是价值追求也是听其自然。与无相比，与零相比，生命是大而又大的机遇与馈赠，是最最珍贵的东西。

寿与夭，赫赫成就与一事无成，流芳百世与遗臭万年，当然不同，当然要有欢迎与拒绝的选择。过分贬低个体与生命，这是庄子无法不让人感到遗憾的地方。

调而应之，德也；偶而应之，道也。（知北游）

能够随时调整适应，这就是德；无心、随机却也能顺应、回应，这就是道。

人生处世要听其自然、随遇而安

生不要搞得太烦琐，价值不要定得太细密，礼法不要搞得太严格，关系不要推敲得太清晰。老庄提倡的是大而化之、听其自然、随遇而安的人生原则与处世方式，即是逍遥自在的活法。用现在的话说，就是不要搞得人们太累啊！还不如以不变应万变——你有千变万化，我有一定之规；你有千条智谋，我只靠一个混一的光明、放心与正直呢！

至义不物，至知不谋，至仁无亲，至信辟金。（庚桑楚）

最好的正义是不分彼此的，最高的智慧是全无谋划的，最大的仁爱是绝无亲疏之别的，最大的诚信是无须用金玉之类的物品作为凭证、抵押的。

不要强努着去学习与做事

庄子反对强努着去学习与做事。他的理论很高超：既然是学得会学得好的东西，自然而然就能学到做好，也就根本没有必要大张旗鼓地去学去干。

虽然老庄诸人都那么向往简单朴素原始与明快，世界远远没有那么舒服，真正人人逍遥、日日逍遥、年年逍遥的话，也是一种可怕的失重与飘浮吧？辛苦与负担可能是生命所难以承受的重量，绝对的逍遥呢，可就是生命所难以承受的轻飘了！

更聪明与更合理的设计恐怕不是绝对的单面化，而是一种平衡：轻与重之间，学与不学之间，做与不做之间，大言与慎行之间，辛劳与逍遥自在之间……有所平衡，有所转化与过渡。静如处子，动若脱兔，进可攻而退可守，用藏在我，舒卷随心，邦有道则知（智），邦无道则愚，那才是化境呢！

学者，学其所不能学也。（庚桑楚）

学习，其实就是要学到那些学不到的东西。

能够出世逍遥比精于入世更重要

庄子认为，能够出世，能够具有出世逍遥、高端超拔、独立不羁的品格，比善于精于入世更重要。出世的道行乃是入世的前提与基础，而保持精神的自由与主体性比治理天下、掌握威权更重要。宁愿想入非非，不可丧失主动；宁愿无为一身轻，不可为外物所物役，即不可使自己陷入被动。

物而不物，故能物物。（在宥）

为而不为，管而不管，才能拨拉得开对象，而不是被对象所拨拉所掌握。

珍重自我，通达外务

一个人能够密切联系群众，能够与民同乐、同甘苦同命运，又能保持自己的资质、底线、名节、特操，这样的人太少了。这样的人往往会受到两方面——低俗下作、蝇营狗苟方面与牛皮哄哄、兴风作浪方面——的夹击。庄子毕竟提出了这样一个目标：一是与人众通，与世界通，与外务通；二是能保持住自己所珍重的一切——珍重自我而不恶性膨胀，珍重人际关系而有所不为，珍重价值理念而不扬铃打鼓，珍重纯洁的人性而又入情入理入世入群。

其于物也，与之为娱矣；其于人也，乐物之通而保己焉。（则阳）

他们对于外物，可以愉快地与之相处；他们对于其他人，能够打成一片却又能保持自我的个性。

自由感才最养生

养神才能养生，尤其是自由感最养生。吃喝诚可贵，神王（旺）价更高，若为自由故，二者皆可抛。

神虽王，不善也。（养生主）

养尊处优，神虽旺而不快乐。

重视内在的自由感、逍遥感

庄子重视人的内心的稳定与和谐。不悦生，不恶死，不受外物的影响，老子所谓的宠辱无惊，乃至一直夸张到不怕火烧不怕水淹的程度。人的内心还要宽容与谦虚，因为真人更重视事物的同一性而不是矛盾性、差异性，不争，不较劲。庄子不喜欢感情冲动，他倾向于把喜怒哀乐视为破坏心理健康的负面因素。庄子强调的是内在的自由感、逍遥感、齐物感、大道感与舒服自在的感觉。

与乎其觚而不坚也，张乎其虚而不华也。（大宗师）

介然不群并非坚执，心志开阔而不浮华。

尊重个性，尊重情感表达的自由

庄子对于当时被规范化了的礼数，颇有微词，觉得它们烦琐庸俗以至虚伪，他要挑战，他要求尊重个性，尊重每个人表达或不表达情感的自由。

天之小人，人之君子；人之君子，天之小人也。（大宗师）

对于天来说，一些小人庸人俗人，正是人世的君子。而俗人庸人世人中的君子，对于天道来说，恰恰是无知无识的小人俗人。

不在意荣辱，才能达到自身的完全解放

从不在意自己的伟大行为、崇高记录、效益、影响、回报，最最不愿意让天下人记住自己，不愿意、绝对不接受天下人对自己的致敬、致谢、树碑立传、修纪念馆、颁布荣誉称号；同理，也就不去理会误解、攻击、嫉妒、进谗，哪怕是泼来一桶又一桶的脏水。这样，才算达到了逍遥的标准，达到了自身的完全解放。从中我们可以体味，逍遥不仅是一个快乐的标准，更是一个无私、无我、无有、无无的品德与哲理的境界。

庄子极讲究心功，即提高了再提高，扩大了再扩大，单纯了再单纯，物我两忘，天人合一，好啊。

兼忘天下易，使天下兼忘我难。（天运）

把天下忘到一边还算容易，让天下人干脆连自己的一切美德、伟大、权威、功绩也忘掉了那才真叫难呢。

有时你需要绝对精神的无条件胜利

可怜的人尤其是读书人啊，遭遇庄子，你才体会到了什么叫巨大，什么叫宏伟！精神胜利、精神胜利，不在精神上，你能在哪里得到有把握的与永远的胜利呢？春秋战国以来，你可能不为世用，蹉跎一生；你可能幸运一时，朝为座上客，而祸从天降，夕为阶下囚；你可能事与愿违，屡遭诬陷；你可能志大才疏运蹇，一辈子穷愁潦倒……再没有了绝对精神的绝对的无条件的胜利，你还能有什么呢？

是鸟也，海运则将徙于南冥。南冥者，天池也。（逍遥游）

这样的鸟，不飞则已，一飞就飞向南冥，而南冥就是天池，不是新疆或吉林的天池，而是真正的天上天外之池。

理解比爱更高

一味地迁就和讨好不见得就对。
理解比爱更高。

意有所至而爱有所亡，可不慎邪！（人间世）

本意出于爱而结果适得其反，这可不谨慎吗？

不要耽于生存竞争与欲望追求

事物发展到今天，我们看到，外部环境的改善并不一定意味着人的精神结石、精神毒瘤的化解，并不意味着人的精神境界一定能够提升和开拓。东方的这一套精神修养方面的哲学乃至玄学，以之处理国计民生、金融实业、发展建设、外交国防、奥运会、世博会则不足，用之寻求个人的精神世界与集团的社区的邦国的和谐与舒畅，寻求克制与解脱，则非无益焉。庄子的思想有利于精神的享受，而未必适用于实用与发展。反过来说，如果一味耽于生存竞争与欲望追求，一味通过高科技高消费来高速度填补欲壑，就永远得不到庄子的鲲鹏展翅、逍遥自由、无誉无訾、物无害者、一龙一蛇、与时俱化的化境。

从实用的观点来看，庄子之论是无的之矢、是匪材之木、是零利益的精神资源；从精神享受的观点来看，庄子这一套令人称奇叫绝，不但能大而化之，还能如佛家所说的一笑了之，看穿一切，金刚不坏，自成一绝。

其寐也魂交，其觉也形开，与接为构，日以心斗。（齐物论）

他们睡着了仍然精神交错，心思重叠，惦念混杂。一睁眼，千头万绪，心乱如麻。与外物一接触就发火斗气恶言恶语，不是你吃掉我，就是我吃掉你。

不要因为名而迷失本心

中国是一个常常注重名而有些时候忽略了实的地方。害得从孔夫子那时候就辛辛苦苦地忙于正名，到今天，各种虚名、伪名、枉名、恶名仍然在扰乱着视听，阻碍着真相，制造冤案也制造招摇撞骗，更制造人云亦云、三人成虎、颠倒黑白。强调谓之而然，与其说是夸大了人类主观的决定性作用，不如说是提醒我们冷静清醒地对待千奇百怪的称谓，不要因“谓之”而昏了头、昏了心。

道行之而成，物谓之而然。（齐物论）

道路是人走出来的，事物的名称是人叫出来的。

人气太旺，也难以自在逍遥

人气太旺，有凝聚力，为什么不好呢？庄子没有说。可能是聚的人多了目标太大，别人的期望值太高，责任太大，忧愁太多，太辛苦，不逍遥，不快乐，不独立，受制于四面八方，等等。老庄相对来说多看破了一些东西，诚然。

可惜能理解与接受这样思路的人太少了。一般人在走运的时候多半是得意洋洋，飘飘然，晕的忽儿（北京方言，形容欣喜过度）。人往往是倒了大霉了才会想起庄子的这些名言。

以外镇人心，使人轻乎贵老，而韲（齑）其所患。（列御寇）

用这种外表的东西打动人心，使人们对我的尊重胜过我实际的年事，这不是好事。

不要在意庸众的嘲笑

追求逍遥的努力导致了相当的困窘与尴尬。越是追求逍遥，越是遭遇了令你逍遥不起来的因素。这当中包含着几分悲哀、几分无奈、几分两难。是不是呢?

也许正是这样的论述，告诉我们，你不是追求大气概、大自在吗?好的，请做好准备，你将受到小鼻子小眼的庸众的嘲笑；置之不理，你就逍遥了。

再退一步，做不到绝对的逍遥要什么紧，知道“逍遥”两个字，已经有了目标，有了标杆，这是庄周的贡献，这是中华文化的奇葩，这是精神的升华与享受。

朝菌不知晦朔，蟪蛄不知春秋，此小年也。（逍遥游）

朝菌（即早晨生长的蘑菇）不知道阴晴与朔望，蟪蛄（即寒蝉）不知道春与秋，它只能活一个夏季。它们是小年（即短命者）。

以有知求所不知，才能逍遥于人间世

人没有全知全能的，谁都是在半知半解、半聪明半糊涂的状态中生存和活动的。说一个正常的非智障者绝对的无知，与说一个智者无所不知，是同样荒谬的、不可信的。人的无知感、无奈感、不确定感像一口铅锅一样地压迫着自身，只有靠已有的知与智把无力感无定向感闷葫芦感托举起来，才能缓过一口气，才能有所作为，才能逍遥养生齐物游走于人间世。

所不知，也是一种知。一个企业知道它的市场的不确定性，与不知道有不确定性，运营的方略肯定有所不同。已经知道了一些基本信息了，从这个基本信息出发，已经对不确定、没把握、变化中叫作无常的那一面有所估计了，该出手了，照样要出手才对。

知人之所为者，以其知之所知，以养其知之所不知。（大宗师）

知道人事运作，是以人类的所知，弥补人类的所不知。

学会记住，也学会遗忘

人总得学会衡量，学会观察也学会忽略，学会记住也学会遗忘。什么都注意，什么都记住，就像一个电脑失去了删除、压缩、抗干扰、抗有害信息、抗垃圾邮件的功能，失去了重新格式化的功能，失去了替代与合并的功能，只具有输入、储存、接受信息的功能一样，那就无法工作了，只能报废。

中国的古人早就知道过于明察秋毫了，是不祥的。你的眼睛如果能够把最小的灰尘也看个清清楚楚，你就无法在卧榻上入睡，无法从盘碗中进食。

人不忘其所忘，而忘其所不忘，此谓诚忘。（德充符）

如果一个人该忽略的地方他不忽略，不该忽略的地方他偏偏忽略了，他才真是糊涂健忘，智力太差呢。

追求精神的绝对解放

让我们遨游于方内方外、此岸彼岸、精神物质、形而下形而上的伟大存在吧，因之浑然有所悟，飘然有所游，凄然有所感，超然有所升华的人有福了！

原来，你可以跳出三界外，不在五行中，逍遥遨游，独来独往，天马行空，神龙首尾，更不必说名利得失之属，一日短长之争了。庄子追求的是精神的绝对解放！

芒然彷徨乎尘垢之外，逍遥乎无为之业。（大宗师）

空茫地游走于尘世之外，逍遥地从事着无所为的大业。

讲究仁义难免会让你不自由

你有个仁义的讲究，你是不自由的。你只有在与他人的交往之中，才能践行、显示、发挥、弘扬出你的仁义道德来。如果你无人可以交际，如果你每天只是独处、养病，或者像海明威的《老人与海》中的老人那样单独驾船出行，主要是与鱼而不是与人打交道，你上哪儿仁义去？你最多是条硬汉，但即使硬到与鲨鱼共亡也没有什么价值意义评说。庄子的意思是，仁义并非普适价值，而是公关爱好者不可或缺的本钱。它是不是说得准确，读者自有公断，但它的思路确实引人入胜，也发人深省。

仁义之士贵际。（徐无鬼）

鼓吹仁义道德的人注重人际关系与旁人的反应。

正视自由逍遥与礼数标准的矛盾

我们可以说，仁义是非不是个人的事情，而是一种社会共识、一种文化，乃至一种社会结构、政治体制所决定的。这里反映的其实是个人、任性任情、自由逍遥与群体的价值、群体的礼数标准之间的矛盾。听群体的，你个人就不自由、不痛快、不淋漓酣畅，群体就是对你的真性真情的束缚歪曲，这是庄子要说的话。

于是庄子转入内功心功，只要求内心的逍遥与自在，而完全不考虑个人与环境、与他人、与外物的关系。其实人与人有不相关、各有其个性的一面，更有相互联系、相互依存与共同一致的一面。

夫尧既已黥汝以仁义，而劓汝以是非矣，汝将何以游夫遥荡恣睢转徙之塗乎？（大宗师）

尧已经用仁义在你脸上刺了字，又用是非削掉了你的鼻子，你还怎么可能逍遥游荡于尽兴的无拘束的变化迁移之中呢？

人难免会被自己的技能所局限

人被自己的技能局限住，也是有的，这应该算是庄子的一大发现。过分具体的手工艺类技能，最后限制了一个人的更多的知识的开拓与事业的发展，应该说这是事实。

但是从另一方面来说，对于才智技能的追求，毕竟是建设性的，是对于人类文明的一种贡献，一个国家一个地区的多数人应该技有所长，有自己的吃饭的家伙。

不能够把大道，把治国平天下，把德行修养与一切技能截然对立起来；更不能把道德修养即修身的重要性与学问知识智力与技能的训练对立起来。

无论如何，庄子提出的这个问题还是有趣的。确有被雕虫小技囿住了一生的小技牺牲品，也确有当不成专家当校长的趣闻。确有恍兮惚兮的大家，也确有死记硬背式的巅峰学者。什么是大道，什么是智慧，什么是小技，什么是空谈，孰能真正明白，孰能真正判别？

是于圣人也，胥易技系，劳形怵心者也。（应帝王）

用才智技巧来为政处事，最后局限于才智技巧而已。局限于才智技巧的人，只能忙忙碌碌、心力交瘁（今称辛辛苦苦的事务主义）。

特长也能成为精神无法自由逍遥的祸根

特长（包括社会分工）也能成为自我的画地为牢、依赖外界条件、无法取得精神的自由逍遥的祸根。只有最深邃最犀利最毒辣的眼睛才能看得出来。当然这并不完全是个人的问题，社会分工会造成人的局限与片面乃至畸形的发展，思想家们包括马克思等提出了这个问题，庄子的有关论述算是形成得比较早的。

按照这个说法，我也就理解了早年听到过的一个笑话，说是有的刽子手，见到谁就先琢磨该人的头颅与脖项，研究如果行刑的话应该从该人的何处下刀。

知士无思虑之变则不乐。（徐无鬼）

发达的人没有思虑上的推演与变换便不会感觉到痛快。

以出世的心态做入世的事业

从战略上说，中国人讲究的是以出世的心态做入世的事业。该干什么或者不能不干什么，但还是讲要虚静，要无心，要满不在乎，要保持自身精神世界的独立性、自由性、自主性，绝对地抵制异化，不能让要做的事情主宰做事情的主体——自己。不管遇到什么，获得什么（委托、荣誉、信任、负担、压力……）都要若无其事，该是什么样还是什么样。这样才能进入最佳状态，才能得到最好的发挥。

公使人视之，则解衣般礴裸。君曰："可矣，是真画者也。"（田子方）

元公派人去看，见他脱掉上衣，赤裸上身，盘腿静坐着。元公说："行了，这位才是真正的画师。"

使别物不自由的人自己也是不自由的

使别物不自由的人自己也是不自由的。马克思、恩格斯在论波兰问题时说过，压迫别的民族的民族是不自由的。但是庄子是从哲学、从先验的意义上讲自主与不自主的。这就悲观与消极得太多了。悲观之中不无清醒，消极之中防止了膨胀、夸张、自我引爆。当然，“物”硬是这样地一路齐下去，会不会彻底地不分青红皂白，不分是非善恶，不分祸福利害，不分生死明暗了呢？这样进行到底齐出来的物，也就没有了物，也就没有了齐。请看，万物不存，物已不存，“万”尤其更不能存，人已不存，我亦无存，吗都不存，齐将安在？

吾有待而然者邪？吾所待又有待而然者邪？（齐物论）

我岂不是有所跟随、有所依附才这个样子的吗？而我所跟随依附的岂不是又有所跟随和依附吗？我究竟是在跟随依附些什么呢？

少一点痛苦慌张，多一点自由逍遥

只有真性情、真道行、真品格、真智慧，还有你的生命形体，才是真正属于你的。其实，往透彻里说，连你的生命形体也是大道临时的不无偶然的下载、寄放、寄存罢了，叫作“大块载我以形，劳我以生，佚我以老，息我以死”（《庄子·大宗师》）。从大道中来，到大道中去；从大块中来，到大块中去；从无中来，到无中去。万物生于有，有生于无，道生一，一生二，二生三，三生万物，然后万物归一，万法归一，完成了一轮悬解。这才叫看开了一点点，少一点倒置的痛苦，少一点外物带来的慌慌张张，少来点一惊一乍，多一点逍遥，多一点自由，多一点养生。这样的性情的修缮岂不妙哉！

丧己于物，失性于俗者，谓之倒置之民。（缮性）

这样的人，因为外在的原因、外物的对待而失去了自我的修持与对自我的把握，找不着北啦，同时他们因为流俗的眼光、舆论而丧失了自己本真的性情，他们是倒悬在那里颠倒了本末因果的罪人啊。

不要时时处于自我失控的状态

贪婪者永远为了财富膨胀达不到自己的欲望而悲哀。弄权者永远为自己尚不是掌权的尤物而丧气。而野心家、乱世奸雄、草莽好汉、机会主义者、不安分的害群咬群之马，最盼望的是天下大乱、礼崩乐坏、纲毁纪损，这样他们才好浑水摸鱼，乱中取胜。

其结果是，你永远踏实不下来，你永远回归不了你虚静的自身，你因机会的变迁而毫无准星，你因时间的推移而忙于紧跟，你因物象的变化而刻刻被动，你时时处于自我失控的状态，处于被驱赶被牵着鼻子走的状态。但结果是你不可能跟随外物的变易而变易，你的特长、平台、条件、职业、社会分工已经管死了你。你的特长、你的需求、你的欲望、你的职业，都异化成为你的对立面、你的主人，亦即你的敌人，而你自己永陷苦海，万难自拔。悲夫，能不悲吗?

驰其形性，潜之万物，终身不反，悲夫！（徐无鬼）

这些人都是逐时俯仰，拘限一事而茅塞不通的人。驰骛身心，沉溺外物，终生不悟，可悲啊！

不得已中也要维持自身的超脱与逍遥

人的处境各样，有的人难免要入世当差，但只要保持清醒冷静，保持警戒而又主动的精神状态，不使自己陷入患得患失、恶化定则、招惹是非、阴阳之患、人道之患，更能急流勇退，内心逍遥，你就得救啦！

千万不要挑拨是非，不要当真掺和太过，不要只进不退，不要恋栈无已，掌握好自己的分寸，别拿自己太当回事，别越位，进要进得聪明，退要退得潇洒。即使在公务是非种种不得已之中，还要维持自身的超脱与逍遥。

且夫乘物以游心，托不得已以养中，至矣。（人间世）

不如你能随着外物的变化而变化，以优游潇洒的心态度过每一天，依据着各样的不得已、不得不在意的戒律来自我控制，保全自身的适中适度，也就很好了。

彻底的自由、逍遥，也是彻底的孤独与寂寞

庄子是颓废派还是逍遥派？是透心凉还是豁达阔大、刀枪不入？难道读者从他那些大而无当、大而无伤的话语里没有感觉到彻骨的寂寞、孤独、悲凉和空无吗？

这是一个要命的悖论：要彻底的自由、逍遥，就需要伴以彻底的孤独与寂寞。要彻底的个人主义，就不能有集团，有（民族国家社群阶级组织的）归属，不能有分工与合作甚至于不能有配偶，更不能有子女，拉家带口还能有什么逍遥游！

不夭斤斧，物无害者，无所可用，安所困苦哉！（逍遥游）

不遭受斧头砍伐，没有东西来侵害它。无所可用，又会有什么祸害呢？

第四章

万物一齐：抹除差别，消解歧途

天道主导与涵盖一切

中国式的概念崇拜与文字崇拜：我们喜欢找一个带几分神性的概念，找一个字，解析之，发挥之，夸张之，神化之，然后认定它决定一切，一通百通，一顺百顺，一能百能。它常常会是“天”字或“道”字，也可以是“德”，是“仁”，是“义”，是“气”，是“忠”，是“孝”，是“诚”，是“敬”，乃至是“礼”。这个字上蹿下跳，伸缩如意，功能无限，主导与涵盖一切。对于读书识字的人来说，这种思路极有吸引力。如果能够清醒一些，就能够看到人的这种单字单词概念崇拜，虽然可爱，却也明明白白地自欺欺人。

以道泛观而万物之应备。（天地）

用大道统领一切，就能掌握万物的规律，就能顺应万物，从而使万物应顺齐备。

“一”是万能万灵万应万有的大道

有一个有趣的中华文化传统观念：健康的问题、养生的问题、面容气色的问题，不是一个医疗卫生、生理科学、营养与生活方式问题，而是一个道性问题、修身问题、修养问题、精神高度问题。国人尤其是古人，热心于寻找这个“一”，即同一和统一，中华文化还有一个说法，叫作混一。寻找与把握到这个“一”，然后就能够一通百通，一顺百顺，既能治国平天下，又能经天纬地、保境安民、琴棋书画、养生练功、技击防身、把脉下药、行房酿酒……这就是万能万灵万应万有的大道。

对于国人来说，不仅良相良医，而且良师良臣、良工良匠、良商良贾、良优良娼、良官良吏、良兵良将，直到明君圣人，其关键其主心骨都是一致的，都是道或德或仁或其他的一个最最重要的字。一字定乾坤，一字定天下，一字定各行各业，一字定论定评价。这是多么高妙、多么天真、多么迷人的思路啊。

吾闻道矣。（大宗师）

我得知了、获得了一些大道。

世上万物本没有什么是非可争

齐物论也就是“非争论”。庄子从根本上提出质疑：世上万物有什么是非可争？有什么——成毁、利害、得失、胜负可以区分？如果压根就没有是非、成毁、利害、得失可分可争，那咱们这是干什么呢？咱们不都成了自寻烦恼、自找苦吃、自我毁灭的傻子了吗？

果且有成与亏乎哉？果且无成与亏乎哉？（齐物论）

究竟世上的事物有什么成全与亏损的区别吗？还是根本没有成全与亏损的区分呢？

一切存在都有存在权、存在之道

在各有其理、其性、其位、其量、其形、其态这个意义上，在同样地体现了大道、下载了大道这个意义上，在各有其存在的权利（我们只知道人有人权，庄子却告诉我们一个观念、一个命题：一切存在都有存在权、存在之道，即谓："物固有所然，物固有所可；无物不然，无物不可。"）这个意义上，就其"存在权""存在之道"而言，一根草与一根梁柱并没有区别，一个美人与一个丑八怪，她们二位也具有同样的存在的合理、合法、合道性。各种千奇百怪、稀奇古怪都有自己产生的原因与存在的理由——依据。懂得了这个，就通达了，就视万物为一体了，就得到了统一性、整体性、同一性了，就不较劲了，就不会因为世界的千奇百怪、不合己意，不那么听话而怒火中烧、而焦虑痛苦、而发动大炮火箭的战斗了；也就可以少搞一点唯意志论、唯我独尊、剪除异己、霸权专制、逆我者亡、一花独放、好勇斗狠，动辄你死我活、不共戴天了。

物固有所然，物固有所可。（齐物论）

万物为什么成为万物，各物为什么成为各物？世界万物万象，各有各成为自身的缘由，各有各成为这样那样的道理。

始终如一，古今一体

始终如一，古今一体，知古则可知今，知今则可知古。没有原先的子孙，就不会有今日的子孙，这也证明了古今之不可分割。这是事物与认识论的一个方面。但事物又有另一方面，古今大异其趣的事多着呢。否则，老子、庄子，有时候还有孔子，又何必动不动怀念先王之治呢？

无古无今，无始无终。（知北游）

没有古就没有今，没有开始就没有终结。

没有衡量比较争执的齐物乌托邦

一个人知道什么是好、善、美，就去做那个好、善、美，这是低级的好、善、美，是低境界的好、善、美；一个人只有把做好事、做好人、行善事、现美德变成本性，变成不自觉，变成自然而然、无目的、无意识、无动机、无效果、无回报、无反响以后，世界才真的可爱起来，人也真的好、善、美起来。这个想法有点怪气，但多少有些道理。很简单，世界上有伪君子，有假美人，有沽名钓誉，有竞争与互相抹黑。互相抹黑的前提是有自我与相互贴金。如果人各为生，各行其道，各是其是，各非其非，没有衡量，没有比较，没有争执，没有贴金也没有抹黑，那岂不是进入了齐物的大好乌托邦！

其可喜也终无已，人之好之亦无已，性也。（则阳）

反正他受人喜欢的事实并不受他是自觉美好还是有意美好所影响，人们对他的好感自然会长久保持，这就是出于人类的本性了。

齐物，自然无往而不逍遥

《庄子》内篇的核心命题是齐物。齐了物，齐了是非、寿夭、大小、美丑、物我、彼此……直到生死，自然无往而不逍遥，自然能够应对人间世诸事务，能够涵养充实完美的道德，能够体悟大道而成就真人，也就能够养生享其天年。它以被强调了的相对性消解“有”的意义，消解彻底了，也就同样消解了“无”。“无”来自“有”并将变作“有”，“有”与“无”的关系就跟鸡与蛋的关系一样，相生相异相连，如一圆环，无始无终。无用方为齐物与逍遥的大用，有用反成害世戕己的无用。无知（智）方通大道，有知（智）徒成荒唐。无为而无不为。有为（有时候）只能是自取灭亡。混沌无器官与功能方得生命，倏与忽为报恩每日给混沌凿出一窍，待凿成七窍，则混沌只能死亡。无情无知，槁木死灰方为至人，有情有知，一切的追求、向往、欲望其实都是自欺欺人。

夫天无不覆，地无不载，吾以夫子为天地，安知夫子之犹若是也！（德充符）

看，天没有它拒绝覆盖的东西，地没有它拒绝承载的东西。我还以为您老像天地一样恢宏包容呢，您怎么会是这样的啊。

抹平一切区别、一切差异

事物的发展与变化，文化的丰富与精微，社会生活视野的无限扩大，生产力与科学技术的日新月异，财富的核能爆炸般的增长，欲望因其不断实现所产生的无限膨胀，使人们的心态比古人浮躁得多，现代人更心慌意乱，更顾此失彼，更疲于奔命，更丢三落四，更晕菜得多。这种信息爆炸、任务加码、动静失衡、生活混乱的痛苦，值得研究研究、分析分析。想想庄子的有关说法，说不定对我们大有益处。

毛泽东有言，差异就是矛盾。庄子的思路则是尽最大努力抹平一切区别、一切差异，说一千道一万，还是要齐物。庄子提倡的是“平心”，这与西方思想家拼命提倡的平等各有千秋。

夫至德之世，同与禽兽居，族与万物并，恶乎知君子小人哉！（马蹄）

在这样的至德之世，人和鸟兽混居，与万物并存，何从区分什么君子与小人呢。

仁义天下始疑，礼乐天下始分

庄子的仁义天下始疑、礼乐天下始分的说法极精辟。依此而言，后天的、由圣人辛辛苦苦制定宣讲的仁义之说，不过是凭空增添了麻烦与困惑。人做各种事情，本来靠自己的本性与良知就可以做出判断，何者可为何者不可为，一加仁义之论，一搞外加的概念崇拜、概念统制，反而使疑义增加。例如父慈子孝、君明臣忠、夫唱妇随，一般情况下似乎比较好办，如果父子、君臣、夫妇之间出了矛盾，各说各的理，或者是君、夫的责任更大，怎样做才符合仁义的要求呢？不疑才怪，不争才怪。至于礼乐使人分家，这个思想就更先进了，这就是亨廷顿所说的文化冲突的滥觞啊，你提倡你的礼乐，我提倡我的礼乐，两者不统一，能不掐起来吗？

澶漫为乐，摘僻为礼，而天下始分矣。（马蹄）

再随心所欲地弄出点乐，别别扭扭闹出一大套礼法礼仪礼数，天下众人也就分了家——分裂，分化，互为陌路，互不理解，乃至互相敌对起来了。

消除派别观

争论的人多，明白自己在争什么的不多。斗争的人多，明白自己在为什么而斗争的不多。早在二十世纪八十年代中期，就有人提出企业改革需要多一些明白人，呜呼，难得明白呀！有道是宁与明白人打架，不与糊涂人说话。可惜的是，这种说法本身就不算太明白啦。

也许这里同样需要的是中庸？你不必热衷于争论是非，你不要拉山头立宗派，当一个宗派头头；你不要动辄卷入纠纷，是人家的非而非人家的是；你不要变成杠子头，变成自封的狭隘好斗的“思想者”。你要消除派别观，增加明达明彻明白明洁的了然度。尤其不要还没弄清一个名词的来源、前因、后果就陷入混战，如我常常讲的，还没有做认知判断就做出了价值判断。

道恶乎隐而有真伪？言恶乎隐而有是非？（齐物论）

大道是隐藏在万物万象深层的，你并没有看到大道，你为什么就要判定真与伪？言词的真实含意也往往是深藏的，你未必弄得明晰，为什么却要分辨个你是与我非？（没弄清什么话就批上了斗上了，这样的事我们见到的还少吗？）

把是是非非的争论看得光明一些

人是喜爱争论的动物。人与人间的相争，比任何物种内部的相争都厉害都复杂也都残酷。老虎并不吃老虎，更不会先批斗揭发老虎再处决。你说是，我要说不是——非；你说不对——非，我要说对——是。儒家与墨家是这样，你与我与他与她也是这样。能不能用一种更加光明、明朗、明白、透亮的态度对待这些是是非非呢？能不能把是是非非的争论看得光明一些、想得开通一些呢？

故有儒墨之是非，以是其所非而非其所是。（齐物论）

这样就出现了儒家与墨家的是非争论，你说非，我要说是；你说是，我要说不是——非。

强调同一性，淡化差异性

强调天下万物万象的同一性，淡化它们的差异性，这是《庄子》的特色之一。庄子的这个思路，比强调差异与斗争的理论看得远些，或嫌消极，却又有利于休养生息与和谐安稳，当然，不利于睁了眼睛看。知道有这样的绝门之论，体会先秦大家的想象力、表达力与中华民族的惊人头脑，与之共舞几圈，诚然可喜可庆。至于二十一世纪，一个庄子一个孔子当然远不够用，我们需要的思想、精神、学问、资源、成果、创造与新意，多着呢！

故曰："通天下一气耳。"圣人故贵一。（知北游）

所以有道是："同样的一个气，在整个天下运转不休。"圣人也因此非常重视万物的同一性。

减弱与取消衡量标准、是非认知

人的思路往往简单粗糙，人的心态往往感情用事，人的急躁往往颠三倒四。人们一沾是非彼此，一沾选择利害，一沾方生方死，因是因非，更会是一错再错，将荒谬进行到底。中国人多了，世界上的人更多了，有几个能像老庄他们那样看得深刻，想得灵活、多面、长远?

依庄子的说法，不如减弱与取消衡量标准，减弱与取消对于是与非的不同的认知，大而化之，齐而一之。无爱恋，则无背叛；无方可，则无方不可；无因是，则无因非；甚至于是：无方生（的欢呼雀跃），则无方死（的悲哀虚空）。

方可方不可，方不可方可。（齐物论）

刚说可就转向不可，刚说不可就转向可了。

不要走分裂对立偏执纷争的道路

高明的人、得道的人不走分裂对立偏执纷争的路，而宁可问道于苍天，也就是以大自然为主要的参照系统，不以自己的成心为参照系统。由于你认为某个东西某个观念是正确的，才会认为不同的一切是错误的；由于你认定某种存在是错误的，才会认定其对立的存在是正确的。由于你认同了这一个思潮、学派、山头、圈子，才会与不同的思潮、学派、山头、圈子处于对立的地位。他则认同了另外的思潮学派……从而与你处于对立的地位。彼有彼的是非观，此有此的是非观。果真有这样的是非标准吗？还是压根就没有这样的标准呢？

庄子喜欢用提问的方式而不是全称判断的方式讨论问题，这是庄子高明的地方，这是庄子启迪人的思维的地方，这也是庄子为文的波谲云诡的风格特色。

是以圣人不由，而照之于天，亦因是也。（齐物论）

所以圣人不走这条路子，而观照于事物的本然，这也是因任自然的道理。

不要强行区分高下制造不平

天下万物都是一样的道理。天下万物就像一根手指，一根手指的是非、善恶、彼此、长短，都是诡辩的产物，不诡辩本来万物一体，万象归一，万法同道，万事同理，不诡辩本来天下太平。天下本无事，庸人、浑人、巧伪人自扰之。

世界本来是一个，万物本来都是万物，都是世界的产物，都是大道的下载。万物即一物，从大处看，从道处看，从齐处看，有什么区分高下制造不平的必要？世上的一切痛苦、争拗、仇恨，无非是来自不平之心、不齐之意，平之，齐之，一言以蔽之，不就好了吗？

当然这也是一面之词，然而是豁达之词、快乐之词、自解之词，是精神上“欲穷千里目，更上一层楼”的享受之词。

天地一指也，万物一马也。（齐物论）

天地之间，虽然千奇百怪，在处于天地之间乃是大道的作用这一点上一根手指与天地并无区别。万物万象，虽然琳琅满目，其存在与变化的根本道理，也与一匹马并无区别。

世界万物不只是彼此是非之分

是（此）与非（彼）互为对立，互为你我，互为是非：你认为他是，他才可能认为你是；你认为他非，他恐怕也会认为你非。只有个别的少数的彼，你附和他的是非，他也还要找你的岔子，把你推向另类，乃至非把你往死里整不可。同样也只是极个别的，闻过而喜，听非议而不以为非，不但考虑到此方己方，而且能考虑到彼方，兼顾彼此的观点与利益。

不仅彼此，你、我，是、非，认同、反对，这些都是相对的、相反相成的，没有这一头就没有那一头，没有那一头同样不会有这一头。

其实世界万物远远不只是彼此、物我、是非、有无、难易、长短、高下、前后两组概念、两分天下。对于世界来说，毋宁说是彼中有此，彼中有彼，此中有彼，此中又有此。

物无非彼，物无非是。（齐物论）

世界万事万物，不属于这边就属于那边，不是彼方就是此方，不是自己一头的就是对应或对立的另一头的，这就叫立场，立场的特点在于非此即彼。

生死一齐

庄子把齐物论发挥到了极端，就是齐生死。

原来死亡是回老家啊。谁又能说庄子说得不对呢？谁能说不是自己的老家、自个的原籍呢？

予恶乎知恶死之非弱丧而不知归者邪！（齐物论）

你怎么能够肯定，悦生恶死这不是小时候流落异地，大了也不知道回老家一样地犯傻呢？

混合一切、通达一切的才是真人

真人的特点说到底是混然而一，合成而一，变易而一，浑厚而一。掌握了这个统一性的人是真人，只知道是非、真伪、天人、道术、生死的分际与悖谬的人不是真人。真人真人，能够概括一切、混合一切、调适一切、通达一切的才是真人。真人的基本特点是混一性与通达性，是平衡性与自适性，是快乐与稳定性。

其一与天为徒，其不一与人为徒。天与人不相胜也，是之谓真人。（大宗师）

善于认识同一性的是跟着天道走，是天之徒。善于发现不一致的是跟着人事走，是人之徒。而真人的特点是不把天道与人事对立起来，能够从高度融合处观察天道与人事，使天道与人事本身成为天人合一的体现。这可以说是成为真人的关键。

人要努力回到物我无异的状态

现代心理学认为，婴儿本来是分不清物我的，要发育一个阶段才能分出物我彼此。《红楼梦》中贾宝玉与林黛玉的许多冲突，也是由于他们坚信既然相爱就应该相知，就应该心心相印，共鸣共享，不分彼此，实际上是只要求对方成为自己，要求物成为我，要求对方像自己一样地看事想事处事，但实际上做不到。而庄子追求的是，等到人长大了，分得清而且势必要分清物我与彼此之后，再通过哲学的思辨与大道的修养，重新回到物我无异，彼此同感，齐物齐论，如婴儿兮的境地。

同时，彼此的区分不仅在于位置、立场、空间坐标上，也在于生死、可不可、前后、变化等时间坐标上。

自彼则不见，自知（或谓“知”乃“是”之误）则知之。（齐物论）

人们往往认定：彼方、别人、对立面是不了解自己，是歪曲了自己，自己总是受误解受冤枉被歪曲的一方。而只有站在己方这一头，否定推翻了另一头，才能了解理解同情自己。

谁比谁一定怎么样呢?

你权倾一时，富倾一地，名倾朝野，威倾三军，但是我用不着惧怕你，因为我研究的是大道，我连接着的是无穷大与永恒，我保有的是伟大无边的道，我相信的是比你的权威更权威、比你的财富更丰富、比你的才学更光辉、比你的声名更高远的真理——大道。贵贱更不用说了，从道的观点来看，君王有君王的高贵，工农有工农的高贵，也许工农比君王更高贵，同时工农有工农的窘迫与难处，君王有君王的窘迫与难处。谁比谁一定怎么样呢？从俗而言（这里的所谓俗，窃以为不一定是雅俗的俗，即不一定是通俗、庸俗，而更可能是指人众的相互影响而形成的俗务、俗见、俗论、俗态），以俗观之，贵贱不在己（贵贱在背景与运气）。

以差观之，因其所大而大之，则万物莫不大。（秋水）

从差别的眼光来看，你沿着求大的思路就到处发现大，万物皆大。

人不应该热衷于争拗与分别

由于把自己看作此，才会把对方看作彼。由于有了对于彼的定位，由于假定对方是与己对立或对应的彼方，才更明确自身的此方性质，才更要巩固自己人、骨干、铁杆、盟友的团结凝固。这样的琢磨很令人得趣，令人如发现了新大陆。由于人们喜欢或习惯于人分彼此，物分你我，言分是非，利分得失，品分长短……人们、族群、地域、侯国就是这样越来越拉开距离的，世界就是这样日益走向隔膜、分裂和敌对的。

对于庄子、老子来说，一念之差，在应该齐而平之的万物万事上，人类偏偏热衷于争拗与分别，为自身找了多少麻烦痛苦纷争与自取灭亡！上述逻辑虽然感人，却未免有些走火入魔了。思想者们太拿自己的思想当作一回事儿啦。他们以为世界上的一切吉凶祸福都是思想方法、方法论、逻辑运用造成的，却忘记了还有民族、阶级、地域、行业的分野，还有利益的追逐、欲望的吸引、冲动与血性的煽惑呢。

故曰：彼出于是，是亦因彼。（齐物论）

立场决定认识，这就叫作屁股决定脑袋，你坐到了谁那边，你当然就向着谁。

与对手也可以实现趋同

你与你的跟随者、拥戴者归为一类，不足为奇。你与你的反对者可以归入一个共同的类别，这是一个惊人的发现。参与辩论就会与对手趋同，这是庄子的一个天才的也是惊人的发现，虽然这样的结论有其片面性，却也可能是某些人喜欢讲的片面的深刻性。你与某种谬论完全无涉，完全切割清晰啦，也就谈不到反对或者赞同。中国共产党与中国国民党起码都是现当代中国的政党，都表示要把中国的事办好，它们的合作或者对抗才有可能发生也才有意义，才有了两种中国之命运。而中国共产党与罗马帝国时期的一个政治派别就不会有这样密切的合作与对抗的关系，不是对手也就不是一类。

类与不类，相与为类，则与彼无以异矣。（齐物论）

如果一类不一类、成类不成类、成样子不成样子都可以相聚合而成为一类，然后讨论之、研究之、评述之，那么这种意见与那种意见，有是非与无是非，胡说八道与真知灼见之间又有什么区别呢？

不要以自身为标准来判断世界

太多的蠢人以己度人乃至度物，以自身为标准来判断世界、剪裁世界。我看到多少回，父母冷了就强迫子女加衣服，老板来劲就让下属加班，老板有私事就将工作放下。作家以己或以某人为准要求他人，认为张三如果能像李四一样写作就更好，认为赵五之缺陷就在于与鲁迅并非一个路数。这其实几近滑稽，荒谬绝伦。

名止于实，义设于适，是之谓条达而福持。（至乐）

万物各有其名，名与实需要相符，需要受客观实际、客观存在的约束；万物各有其性，要遵循万物的本性行事，这就叫把事情搞顺，而且造福长久。

不要为了本来相通的事物争辩不休

辛辛苦苦，心劳日拙，原因在于世界的不同一，在于我们生活在一个熙熙攘攘、纷纷扰扰、众声喧哗、莫衷一是的世界上。还在于寻找世界的同一性，企图把握那个最根本、最唯一的一而不可得，找不到真理，找不到一致，这样的生活是多么伤脑筋！而人们却忽略了，万物万象，本来是有同样的道理、同样的存在的依据、同样的作为大道的下载的性质。本来是相同的、相通的、相合的，却还要争辩不休，区分不休，劳神不休。

劳神明为一，而不知其同也，谓之朝三。（齐物论）

“辩者们”竭尽心智去求“一致”，而不知道它本来就是相同的，这就是所谓“朝三”。

是天而非人

有人性美、人性善，就有人性丑、人性恶，自古以来关于性恶性善的争论都是各执一词。人性也罢，天道也罢，自然也罢，人世也罢，并不是单行线，不是只有一个方向，你可以有所选择，有所摒弃，你可以从中判断何者为正，何者为反，何者为健康，何者为病态，你可以致力于将人性、天道、自然引向一定的方向而避免相反的方向，却不能够断定它只能是一个你所希望你所喜欢的独向单行线。

可惜，庄子与老子部分地达到了这样一种对于天、自然、道的认识，却又常常停留在绝对的自然、天道之上，他们倾向于将天道与人道对立起来，是天而非人，从而不能正确地分析、解剖、使用“人之道”，解决人类文化的必要性、积极性与负面发展的可能性悖论。

多方骈枝于五藏之情者，淫僻于仁义之行，而多方于聪明之用也。（骈拇）

在正宗的道德、自然的情理道理之外，在正宗的五脏六腑之外附加上生硬勉强的仁义行为规范的解释，应该说这是额外的瞎忽悠，是滥用聪明，画蛇添足，庸人自扰。

万物万象有它的一致性、相通性

一切的一切，万物的万物，都是自身而不是他人他物，都有自己存在的方式与道理，有自己的活法与禁忌，有自己能够承受的与不能够承受的说法、要求、名分、分析、对待与变化。在这个意义上，千差万别的万物万象，其实存在和运转的道理有它的一致性、相通性，完全可以互相理解，可以双赢多赢。

无物不然，无物不可。（齐物论）

没有什么东西没有它存在的依据、道理、特性、结构与运转变化的规律。没有什么东西不认同、不认可或者是绝对不可以认同认可自己的方式。或是说，没有什么存在的性质和方式是被认识主体、被人类、被所有权利所不予认可的。

变化与不变本为一事

既然生在这个世界上了，也就意味着必然死在这个世界上，生死本为一体，变化与不变本为一事，你有什么可忧心、可不安、可闹腾、可磨叽的呢?

贵在于我而不失于变。且万化而未始有极也，夫孰足以患心！（田子方）

知道自身的珍贵，却不应该因此拒绝随着时间变化，你不会因变化就失去自身的珍贵。何况这样的变化是永远的，是没有头的。这又有什么可忧心闹心的呢?

存与亡并非绝对对立

按庄子的观点，存与亡并非绝对对立，而是可以齐物、可以统一起来的。你的“存”不一定意味着什么都存、永远都存、时时事事存。你的国天天有人消亡，天天有事做不成，天天有文物、学理、物质与非物质遗产被抛弃遗忘。我的国天天都有人生下来活下来，天天都有物质的与非物质的文化遗产得到保护、记忆、传承，不是说明它仍然存在吗？夏、商、周、秦、汉、晋、隋、唐、宋、元、明、清，哪个朝代没有存过？哪个朝代没有亡过？庸夫俗子，对于存亡兴衰成败之事，你能知道多少，你能言说多少？歇着吧，您！

夫凡之亡不足以丧吾存，则楚之存不足以存存。（田子方）

既然凡国灭亡并不能使我灭亡，那么楚国的存在也不等于保证楚王您的存在。

争斗是分裂与憎离的根源

你与他，都是那样功名利禄、酒色财气、争强好胜、挑肥拣瘦、以自我为中心、自欺欺人、牛皮哄哄、心存恶意、争一日之短长、斗红了眼珠子。这样，即使在一家之中也会成为分裂与憎离的根源，何况在侯国、在天下、在人类、在政治斗争或商业竞争、在学术争拗与艺术流派的竞争之中呢？人一旦争起来，最方便的便是将各种恶名（帽子）扣向对手，以各种美名装扮自己，这样才能争取更多的追随者，同时为自己壮胆。结果呢？换汤不换药，转了一圈又走到一起来了，尤其是跟着拼命的百姓们，从前是这样，现在还是这样，“外甥打灯笼——照旧（舅）”，这样的例子还少吗？

动无非我之谓治。（庚桑楚）

有所行动却无非是自我的顺应、内心的需求，这就叫作治。

不要纠结于内外之别

庄子的特点是以退为进，以无为有，以忘却为最好的记忆。根本不考虑内不内的了，那么也就根本无外可言。没有内外之别了，也就没有了远近亲疏之计较了，哥儿几个还有什么可斗的呢?

当然,你也可以驳斥庄子,从世界无穷大道的无尽来说,没有了差别,哪里还有生活有生命的体验?哪里还有诗与歌、小说与戏剧、快乐与烦恼?

未始有始，未始有物。（则阳）

不会考虑有过或需要有什么开始，也并没有过对于外物的介意（没有这些区分和麻烦）。

重视平等不平等的问题

至今平等不平等的问题仍然闹心，有的争，有的斗，有的说。而且各种沾了不平等的光的“上流社会”的精英们，多半不敢真诚与真实地谈论这个话题。而各种自以为是受到了不公正的遭遇的人，谈起来也都满溢着情绪，没有太多的人能理性平和地予以深度思考。

语道而非其序者，非其道也。语道而非其道者，安取道！（天道）

如果谈道却违背大道的秩序，那就不是道了。如果谈道谈了半天却不是道了，还谈得上什么道！

搁置争论，求同化异

旗帜、名义、名分、主张、纲领、口号、提法、世界观、意识形态、“左”倾右倾……紧紧揪住这些不放，有时是必要的，是必须弄清楚的，但有时也会搞得头破血流、你死我活、势不两立、批一万年（当年有云，批修正主义要批一万年）。而如果有条件采取相对务实的政策，适当搁置争论，讨论实际问题，实事求是、求同存异或求同化异，以人民的最大实际利益为依归，注意改善民生，发展生产力与文化，以实践检验真理，无常心，以百姓之心为心，以百姓过好日子为依归，关系就会顺多了，事情就相对好办得多了，你说是不是？

名相反而实相顺也。（庚桑楚）

名义上、概念上、说法上，人们常常相悖相争相反，而实际上，对立的双方常常可以互相妥协和解。

警惕价值偏执、价值霸权

理念——意识形态可能是夺取政权斗争的理据与旗帜。另外还有群体的利益，同样也会在一定程度上意识形态化。做不到齐物，就一定要用自己的理念与利益去取代、去战胜其他非我族类，以此胜彼，以是胜非，以先进胜反动，以智慧胜愚昧，以文明胜野蛮，以民主胜独裁，以本族胜他族，等等。可以说，在老庄价值虚无主义的、未必全部可取的立论背后，隐藏着他对于价值偏执、价值霸权、价值排他的清明预言与警告，这对于人类是非常重要的逆耳忠言。

昔者十日并出，万物皆照，而况德之进乎日者乎！（齐物论）

当年十个太阳挂在天上，照耀万物，互不妨碍，何况像您这样德性与太阳同样宽宏伟大者呢！

立足点与参照物才是关键

从无穷大的宇宙来说，不存在谁比谁高的比较依据。从地表来说，当然地比天低，而山比泽高。从经验的角度，二者间有高低上下之别，不讲这一点，是惠施也是后来的许多解人讲得不清楚不全面的地方。从理论的、想象的、超越形而下的角度看，万物，包括这个星系与那个星系之间，本没有高低上下的区别。从这个意义上说，上下高低的计较，流露着本身的狭小与卑微。

天与地卑，山与泽平。（天下）

天和地一样低，山和泽一样平。

第五章

人生减法：学会放下才能真正得到

多余是祸

没完没了的追求，没完没了的贪欲，没完没了的焦虑和忧心，没完没了的膨胀与戒备，其实是一种灾难。你看不到这种灾难，你永远处在欲望、追求、获得、富足、剩余、提防与恐惧之中，甚至会由于过富而招引大祸，真正大祸缠身，遭遇到政治祸事、抢劫、暴力、疾病以及其他各种天灾人祸，到时候怎么拼命也过不上一天太平日子了！

尤其对今天具有针对性。我们确实生活在一个人欲横流的日子里啊！庄子讲，够用最好，多余是祸，这话乃金玉良言。对于个人来说，这样的话应该写好挂在客厅里，晨昏各看三次。

故观之名则不见，求之利则不得，缘意体而争此，不亦惑乎！（盗跖）

所以，说什么名声，那本来看也看不到；说什么利益，本来是争也得不着。在这种情况下还要费神费力竭力争名夺利，这难道不是昏了心吗？

以全面放弃求全面获得

只有在放弃了人的主体性，与天地阴阳结合为一以后，才成为天乐的下载、大道的下载，成为圣人，成为天下的主体。以全面放弃求全面获得，这是一个伟大的思路，虽然不无玄虚，但却仍然造福人众。

“天乐”一词也很珍贵，天然的舒畅，天然的享受，天然的和乐，天然的欢欣；还有，只有天然，才能有真正的快乐与喜悦。一切人为的欲望、追求、刻意与咬牙切齿、拼死拼活，能够带来真正的快乐吗？

言以虚静，推于天地，通于万物，此之谓天乐。（天道）

把虚空宁静的精神推广到天地，通达于万物，这就叫作天乐。

人总应该有所放弃才能有所成就

人总应该有所放弃，有所不能，有所不胜，有所不为，有所不在意，这就叫满不在乎。这样才能有所真正的获得，有所成就。

为大胜者，唯圣人能之。（秋水）

干不成小事，而干得成大事，这正是圣人的特色。

精神与心智需要减肥

今日，无论是从美容美体还是从保健祛病出发，都要减肥。减而又减，以至于无赘肉与多余的脂肪、多余的体重。过肥，是对现代人的极大威胁。老庄他们要做的是精神与心智上的减肥，贪欲、权欲、争执、计谋、焦虑、妒忌、张扬……它们对人对群体的害处超过赘肉脂肪多多了。

为道者日损，损之又损之，以至于无为。（知北游）

进行道的修习的人每天都得清除删减自身上的非道的元素，删减再删减，以至于达到无为的境界。

价值愈强调，争执就会愈多

为什么好知不能是好学不倦、诲人不厌呢？为什么智慧不是首先带来文明与进步、幸福与快乐，而是首先带来了阴谋诡计呢？这是值得深思的。培根讲“知识就是力量”的时候，不会有这样的思路的吧？而如今对于科学主义的批评，能不能够从老庄那边找到源头呢？

还有概念愈复杂，价值愈强调，说法愈发达，争执就会愈多。争来争去其实是利益的争夺。人与人、家庭与家庭、族群与族群、地域与地域、国与国的多少抽象的争论均牵连到具体的利益。争于义的实质是争于利，这话够直截了当的，也够令人叹息的啦！

而民乃始踶跂好知，争归于利，不可止也。（马蹄）

于是民众开始奔竞用智，争逐私利，而不能休止。

追求对“无无”的领会

如果你是一个文人，你能不因争名夺利而嫉妒、生事、出丑、伤人、作秀、吹嘘、投机、大言欺世，你做到了“无有”这些劣迹，比多数文人已经高出一大截。但你还要时时有所预防、有所警惕、有所矜持、有所反省与自我洗涤，你最多是“无有”。你提高一步，从此对这些东西见若未见、闻若未闻，名利引诱等等对于你根本不存在，动机不存在，无耻无聊的行为元素不存在，为自己打算的想法不存在，看着别人不顺眼的可能性也不存在，标榜自己的必要也不存在，你向着“无无”便靠近了一步。

予能有无矣，而未能无无也。（知北游）

我能够领会到“无”了，但是不能领会到连无也无啦，即“无无”啊。

摆脱名利的桎梏

什么是本，是贵，是重要的呢？是生命，是自我，是逍遥，是解脱，是与大道在一起，是处于道之枢纽，与一切等距离。反过来说，就是视名利为无物，视名利为粪土，摆脱名利的桎梏，拒绝名利的诱惑，绝对不为名利冒险，不为名利轻生丢命，也不会为名利而缴出自己的独立自由自在舒展。名利愈多就愈不自由，就愈成为名利的祭品。许多人每天忙忙碌碌，辛辛苦苦，焦头烂额，四处碰壁，无非是为了争名夺利，最后是丧失自我也丧失生命。这是何等的荒谬，这是何等的自讨苦吃！名利不是心肺，不是肝肾，不是灵魂，也不是心地。名利是俗出来的，是俗人闹腾出来而由更俗的人人云亦云的结果。我们有什么看不开放不下的呢？

这当然也多少有点非社会非舆论非人际主义的味道。人很难完全脱离社会人群他人，作为绝对孤独的个人活下去很难，进行文化的积累与历史的进步很难。

是专无主正，所以览古今之时，是非之分也，与俗化世。（盗跖）

这个判断旁人的人，本身有没有一个主心骨，有没有一个主导的理念呢？他还要析古论今，讲什么此是彼非，这些只能是浅薄的俗见罢了。

取消矛盾是非，也就取消了抱怨争执

老庄他们要求的是彻底地取消矛盾，取消一切危险，取消一切欲望，也就取消了欲望不满足带来的抱怨；取消一切是非讨论，也就取消了一切争执……他们不知道，有自然就有不自然，有大道就有违背失道、离经叛道，有人性就有某种程度上的反人性、恶人性……人类就是这样走过来的。

如果我们把生命、善良和快乐看作正面的东西，那么就永远不会停止这些好东西与病患、危殆、恶毒、混乱与乖戾的拉锯战。老子和庄子想得是多么可爱，而人生又是多么的麻烦！

至德之世，不尚贤，不使能，上如标枝，民如野鹿。（天地）

至德的世道，不崇尚贤人，不求用能者，君王像是树上的高枝，民众如同山中的野鹿。（他们各得其位，各有其道。）

取消推崇、提倡，才能避免争夺

任何推崇、提倡、表彰、评比，老庄认为都好比把一个香饽饽摆在那里，然后号召天下人去争夺，去占有这个地形或这面旗帜、这枚金质大奖章；于是去伪饰包装，去排除对手，去争名排名次，争奖励奖金，至少也是去忽悠作秀。干脆没有香饽饽，干脆没有好坏香臭，没有圣贤与不肖、圣人与大盗的区别。圣人不去教训你、约束你、包装你，你也用不着另类、逆向、挑战、叛逆。没有仁义，又何有残暴之念？没有选美，又何必有丑八怪的绝望与变态？没有礼乐等规矩、形式，又何有各种挑剔、责备、抱怨？没有先进分子、积极分子，哪儿来的落后直到反动分子？

虽重圣人而治天下，则是重利盗跖也。（胠箧）

所以说，谁要是尊崇圣人，提倡圣道，谁实际上就是在那里推崇盗跖，在那里创造有利于盗跖出现的环境啊。

太专了也会有副作用

一个人太有专长了，反而被庄子质疑。轻视技术、轻视专长，看来在中国源远流长。为什么会有这样的高论呢？关键在于高人、才子、专家能不能尊重常识？确实有些人是由于愚昧而做蠢事、坏事，但也确有人因为才具超人，见识超前，自我感觉超级良好，又专于某一方面，夸大了这一方面，偏偏还要对自己不熟悉的方面说三道四，做出画虎类犬的不智之举。

庄子的这种从非争论到非专论的延伸，对于无专长者一事无成者有很大的安慰作用。然而，专业、专门化、社会分工，毕竟是生产力发展、社会发展、文化发展的标志。但是庄子这里说得太过。任何人都可以有一技之长，有一技之长无论如何略优于一无所长，至少多了点趣味也多了点饭辙。太专了、太邪了当然会有副作用，但是那不是技术或专业的问题，而是自身的精神状态、精神品格问题。轻专而重普与通，轻技而重论，轻利而重义——原则、精神、品格——说不定这是伟大祖国很长一段历史时期科学技术没有得到很好的发展的重要原因。

是故滑疑之耀，圣人之所图也。为是不用而寓诸庸，此之谓以明。（齐物论）

为此，圣人是要消除表层的、可疑的、混乱而且靠不住的那些光彩炫耀的玩意儿的。与其搞一点哗众取宠的绝活，不如回到常识，回到常人常理，那才算是明白人呢。

求贵攀升，只会伤神劳心、紧张压抑

贵了半天，攀升了半天，伤神劳心、紧张压抑，准就对得起自己吗？长寿又能如何，活得越长忧愁越多，寿则多辱，老而不死，败兴而已。唉，哪里有什么至乐、幸福可言！

夫富者，苦身疾作，多积财而不得尽用，其为形也亦外矣。（至乐）

看看那些富人们吧，苦着自己，拼命做事，攒下许多钱财而得不到使用，空积财物，有什么用处？

避让一切世俗追求是得到平安快乐的手段

精英型的知识分子，是以睥睨世俗的姿态实现精神的跨越与拔份儿（北京方言，形容高人一等）。而庄子的姿态是降低自身的要求以至于无，以小巧的鸟儿与地里的老鼠的姿态，摆脱俗世名利权位是非功过的羁绊，求得一己的逍遥与自由。他的方法可以说是以退为进，以屈求伸，以侏儒的姿态求大道。他并不从外部跨越而过，而是从内里先否定一切功名地位的任何意义，他主张远离世俗，避祸、避险、避忧。以避让一切世俗追求为得到自身的平安与快乐的目的的手段。

而且，除了个人的主观上的优游闲适、逍遥自在，庄子不相信、不承认任何其他的事功、利益、名声、（社会与政治）地位、影响力、德行、舆论（物议）、奉献、奋斗、获取、胜利与失败，直至健康与疾病、长寿与夭折的意义。除了“我自己”的舒适感、自在感、自由感、满足感与对于其他事物环境的麻木感，一切其他的感觉，概不承认。

鹪鹩巢于深林，不过一枝；偃鼠饮河，不过满腹。归休乎君，予无所用天下为！（逍遥游）

鹪鹩生活在树林深处，它需要的不过是一根树枝；偃（鼹）鼠到河中喝水，它能喝的不过是喝饱肚子。算了吧，君王，我要那个天下有何用处？

你无法对万物万象增减损益

对于大道，你无法增减损益；对于万物万象，你其实也无法增减损益。南水北调，你北面的水增加了，南面的水就减少了，有一部分水在路途中渗漏了。一个城市进行增雨操作，必然使另一个地方的降水有所减少。而大道本身的能量与存在是无穷大的，资助多少、使用多少对之全无影响。尤其是人类的那些表现、表演，博学未必多知，善辩未必聪慧。人的表演常常是坐井观天，是隔靴搔痒，是表层的小打小闹。但人们闹哄得厉害，常常自己把自己镇唬住，自以为闹出了多大动静，闹成了多大气候，可悲呀。难得有个庄子早就看到了这一方面，并致力于给人类降温呀。

若夫益之而不加益，损之而不加损者，圣人之所保也。（知北游）

至于有人想去增益它（大道），其实不可能对之再有什么真正增益；想去减少它，其实不可能对之有什么真正减少（或者是说，世上的许多自认为有所增益，其实并无增益；自认为有所减少，其实并无减少），那正是圣人坚持认为的。

不要为虚空的外物而劳心费力

人追求的一大堆东西，从哲理的角度看，无非是蝉蜕蛇皮，有形无神，有末无本，有态无命，来自本体而又“被脱离”了本体，变成了无源之水渍、无本之枯枝、无体之空壳、无内容之空架子。放下吧，想开吧，再不要为这些虚空的蛇皮蝉蜕而劳心费力了。

予，蜩甲也，蛇蜕也，似之而非也。（寓言）

你看我，只不过如同蝉蜕下来的薄壳、蛇蜕下来的皮，跟那蝉与蛇本身似是而非，我并不是那蝉与蛇的本体。

拒绝自我的过分扩张

老子说，信言不美，美言不信。叔本华说，世上的哲学，可爱的多不可信，可信的多不可爱。智慧呢？智慧是不是有一种清冷的品格？热情如火、熊熊燃烧、使命感超人、献身意识特强的人是无法接受庄子的。而庄子也不接受自我的过分扩张，主体意识的过分强化。而一般的正常人中庸人呢？各种学说不妨多知道一点，多琢磨一点，学说可以冲洗精神，学说可以满足思辨的趣味，学说可以见人之所未见，闻人之所未闻，谈人之所未谈，怎么样去判断吸收消化呢？那就靠读者自身的努力喽。

凡物无成与毁，复通为一。（齐物论）

各种物体，其实并无完成与损毁的区别，完成与损毁相通连，本是一回事。

不要因为人为的某种追求而自我损害

请不要为了人为的某种追求，为了某种非天然的说法与讲究，而残害自己的性命。这话应如冷水浇头，使人清醒一家伙。例如为了争强好胜，为了一日之短长，为了一口气而好勇斗狠，还有所谓的名教杀人，为了遵守礼教而戕害生命，还有恐怖分子、极端分子……人乃万物之灵，人可能有些地方比万物都聪明，但人又似乎是万物之昏愚偏执，傻起来比万物都糊涂。当然，过分强调“命”，也可能偏于消极，缺少主体性与能动性。

无以人灭天，无以故灭命，无以得殉名。（秋水）

不要因人而灭天，不要因故而灭命，不要因得而殉名。

富则多事，寿则多辱

多子多孙，有依靠也有负担，有危险，争拗也多，拖累也多。富了当然出事出麻烦，一个大富豪活得要比打工仔复杂得多。一味地长寿，渐渐落在时代后面，智力体力渐渐不支，同辈人尽数离去，有谁还能了解你帮助你？而种种猛人们迫不及待、信口开河、指手画脚、评头论足……不一而足，你不受欺负误解才怪呢。

也有人喜欢逆向思维，说是多辱则寿，有理，太娇气的人寿不了。多事则富，或多惧则儿孙满堂，也都有可能。

多男子则多惧，富则多事，寿则多辱。（天地）

子孙多了就负担大，财富多了麻烦也就多，太长寿了容易在衰老病弱之后受欺负受污辱。

做人不能满足于计较私利

确实人间有许多庸人、卑（贱）人、蠢人、小人，他们是官迷、财迷，他们热衷于升官、发财、显摆、作秀、出风头、占便宜。他们如此水准如此素质也就罢了，问题是他们认定所有的人都如他们一样卑微、低下、狭隘、愚蠢，他们以小人之道度君子之腹，他们用最最卑下的逻辑解释一切并看待旁人。他们自己黑，同时不把全世界染黑绝不罢休。他们自己臭，而且不把周围的一切熏臭绝不甘心。但世界上恰恰有志存高远的人，有胸襟阔大的人，有不那么计较私利的人，有将官、财、便宜、风头看作恶臭的腐烂老鼠的人，有将对他们的恶意攻讦不屑一顾的人。

今子欲以子之梁国而吓我邪？（秋水）

那么您现在是不是要用梁国的职位来吓唬我呢？

不要被一时的身外之得所累

庄子要告诉人们的是，在人间，在社会上，在官场、商场、各种人为的事务与机构团体中，没有什么东西铁定地永远属于你本人。你只是寄居，你只是暂用，你只是一时赶对了点儿，叫作一时“命有在外”，不过是一时中彩的身外之得、身外之益。你要清醒呢，就要做好把一切人为的助益、扩张、特权、膨胀奉还转让，及告老还乡、遁入深山的准备。然后，你才能立于不败之地。

物之所利，乃非己也，吾命有在外者也。（山木）

这些外物的利益，本不属于自己，更不等同于自己，不过是偶然的时运外加给我的罢了。

千万不要自以为是自以为知

知与不知其实是说不清楚的。知道万物的共同点？哪里知道？知道你为啥不知道吗？哪里知道？别人也不知道（或你什么也不知道）吗？哪里知道？这是庄子作为一个哲人发出的呼唤，也可说是哀叹，也可能是提醒，是大明白话：千万不敢牛气冲天呀，千万不要自以为是自以为知呀，千万不要妄说什么知道这个不知道那个呀……其实我辈人子，所知道的那点玩意儿，根本就靠不住的哟！

庸讵知吾所谓知之非不知邪？庸讵知吾所谓不知之非知邪？（齐物论）

你从哪里去断定我如果说我知道，实际上是不是其实不知道呢？而相反，如果我说我不知道，是不是正是证明我恰恰是知道的呢？

不要只考虑自己的好恶

我们见过不知多少为自己求门路而多有丢丑的庸人。蝇营狗苟，吮痈舐痔，多有不堪。

我们也不是没有见过这样的智者，以智避祸，防线一道又一道，城府森严，其实又未能完全脱俗，喜谀厌诤，妒贤嫉能，欺软怕硬，遇到危难时损人利己，难免矫情沽名之讥。

要明白一切的不得已：别以为你能自由行事。或者，庄子多次强调的“不得已”三字是为了提醒人们皈依大道。人并不是绝对自主的个体，而是大道的下载、大道的寄寓。人应该时刻考虑的是如何与大道一致，而不是自己的好恶。

无门无毒，一宅而寓于不得已，则几矣。（人间世）

自己不要固闭，也不要暴躁，心灵凝聚而处理事情寄托于不得已，这样就差不多了。

反求诸己才能成为人们的榜样

庄子讲传统中华文化所推崇的身教胜于言教，个人的修养境界高于一切具体或专业知识，本初的纯洁质朴高于优于后天所受的教育与影响的观念。而修养境界的核心是心功，心如止水，无私无惑，无骄无赘，清可鉴人，明洁永远。一个人身如松柏，正直阔大，就能成为人们的榜样。德如尧舜，则垂范永远。中华式整体主义、本质主义、抓纲治国主义、找到主要矛盾次要矛盾便会迎刃而解的信念，都表现出来了。这与儒学的理论、中医的理论、太极拳的理论，与中学为体西学为用的理论都通着气。

作为思辨，这种理论极其迷人。而作为求知，尤其是实用，用以富国强兵致富创业发明创造，这种理论则时时显得可疑乃至乏效。即使再乏效也仍然有思辨的价值、哲学的价值。

幸能正生，以正众生。（德充符）

幸而他们能自正性命，才能去引导众人。

重视克己忍耐的一面

中国哲学一上来就显得比较老到，比较成熟。它提倡深潜、内敛、保留、沉稳、虚静、克己、慎重、谦逊、忍耐，而不提倡挑战、竞争、创新、冒险、透明、尝试。今天的人，接受了许多全球化时代的信息与价值观念，再回到老庄孔孟这边学学传统智慧，把内敛与开放、沉稳与热烈、虚静与搏击、慎重与勇敢尝试结合起来，将立于不败之地喽。

不拘一世之利以为己私分，不以王天下为己处显。显则明。（天地）

不会将普世的利益、好事归入自己名下，也不会因为在天下（世间）牛气冲天而显摆卖弄。太彰显了，也就浅白直露，缺少深度与内涵了。

约束直至强制你的欲望得失

生活就是悠游，如维吾尔谚语所讲，人这一生，除了死亡以外，都是悠游——塔玛霞儿。而所有的麻烦，都是人自己制造出来的。人活一辈子，这是老天爷给的呀，老天爷给了你生命生活下去的可能，你们人类自己把自己的生活复杂化个什么劲呢？

然而这不可能完全变成事实。事实是天地不仁，以万物为刍狗。人活着就有欲望，有得失，有竞争，有冲突，有烦恼，有嗔怨，不但需要思虑，而且需要约束直至强制……呜呼，有你受的呀！

哈哈，正是因为有烦恼、嗔怨、争夺、不满足，才越是应该想想庄子讲的这方面的道理呀！许多人知道的是那个“不斗行吗”的理，当然有理，确实某些情况下你得奋力一搏，不能一味退让。但就算是搏了斗了拼过了，也要知道，同时老庄这边还有个“不争，故莫能与之争”的理，这同样也是金不换的钻石定律。

既受食于天，又恶用人！（德充符）

获得了天飨，还要向人间求什么呢？

不要制造太多问题与要求

有时候人们为了反对仇敌便大加杀伐，杀伐的结果是冤冤相报，仇敌日多。有时候人为了满足贪欲便大加掠夺，结果是掠夺越多贪欲越炽。有时候为了面子便讳疾忌医，封别人的嘴，结果是越封微词非议越多。有人害怕别人看不起自己不服自己，便热衷于自吹自擂，结果越是自吹自擂便越是贻笑大方。

今不修之身而求之人，不亦外乎！（渔父）

如今你不修养自身反而从他人身上做文章，这不是弄错了吗？

避免人为追求带来的恶果

人的理论愈高、价值认定愈坚决、规范愈明确、信奉愈强烈，与异己者的斗争也就愈惨烈。

鲁迅曾经激烈地批判中国旧文化的本质是吃人，庄子也讲到食人，应该算是中华典籍上比较早的此类说法啦。

当然，这不全面也不现实。某种人为的追求、规范、价值认定，会有恶果，很恶的果；好的，那么不要任何追求规范与价值认定呢？是会更好还是更坏呢？例如一个非常不发达的地域，它可能没有那么多竞争和分歧，但是它有许多迷信、愚蠢、陋俗，如河伯娶妇，如杀人祭天、活人殉葬，如虐待妇女、儿童、老人，而当地人不以为非，反以为是当然的，他们拥有很高的幸福指数，我们能够认同这样的生活吗？

举贤则民相轧，任知则民相盗。（庚桑楚）

搞什么举荐提拔贤才，人们相互竞争，就会出现彼此的损伤残害；而任命信用智者，百姓就会相互动心眼，使计谋，出现作伪与欺骗。

好事之徒不得善终

你如果喜欢兴风作浪，挑拨是非，如果你是个好事之徒，秉性乖戾，巴不得有事闹腾，巴不得天下大乱，你好浑水摸鱼，投机取巧，乱中取胜，就像“文革”中的“三种人”那样，造反起家，打砸抢烧抓，黑心害人。喜欢起乱子、利用乱子的人往往带有赌徒心理，砂锅砸蒜——一锤子买卖，大起大落，当暴发户，也会陡然灭亡，当替死鬼，不得善终。而如果你本性善良，你会宁愿息事宁人，和为贵，宁作鸽派，宁愿大事化小、小事化无，哪怕自己平平淡淡，默默无闻。善良者有时显得无能，得不到足够的喝彩与选票。庄子选择的是后者。

故《法言》曰：“传其常情，无传其溢言，则几乎全。”（人间世）

因此，《法言》中说：“传达它们的正常情理，不要传达那些过分情绪化的东西，那就差不多可以保全自己了。”

不要沉迷于自身的小聪小智

你沉迷于自身的小聪小智，带来的更多的是烦恼、焦虑、黑抹咕咚而不是虚室生白、澄明阔大。忘了吧，丢开吧，删除吧，只有回到本初，回到初始状态，至少是一个电脑重新开机的状态。只有在这种情况下，个体才能与大道相通，道即通，通即道，大通即大道，大道必大通。

关键在于主观与客观的一致，去掉了人生最大的苦恼：主客观的对立分离。或许更正确地说，这是一种境界、一种胸怀、一种提升、一种自我开阔与超越的努力。大哉庄子，非常之人，有非常之思索焉。

堕肢体，黜聪明，离形去知，同于大通，此谓坐忘。（大宗师）

我的四肢与躯体如同已经卸下，我的聪明心智如同已经废除，离开了形体，除掉了心智，与大通一致，跟大道跟世界没有障碍没有距离没有隔膜，这就叫坐忘了。

木秀于林风必摧之

我们的文化传统中有此一面：警惕耳聪目明，但愿难得糊涂；害怕好运良机，只求将就凑合；不求优胜先进，但愿随波逐流；躲避智慧理念，只求无祸少灾。我们常常是以退为进，以防为攻，以避为上，以愚为智，以弱为强，以后为先。我们最怕的是做出头鸟，是木秀于林，是才能出众，是成绩斐然。这样的思路中有辩证法也有窝囊废，有不得已也有假招子，有自我保护也有谋略做局，有增强我们的自卫能力、应变能力、适应能力的因素，但也有窒息创造、妨碍光明正大的竞争、阻挠学术文明进步的因素。这值得我们有所认识，有所反省，有所转变。

故目之于明也殆，耳之于聪也殆。（徐无鬼）

所以说，眼睛是善于看的，而恰恰是在观看上的明察秋毫会带来危害。耳朵是善于听的，而恰恰是在听闻上的耳听六路上会带来混乱。

不要逞能，不要浅薄外露

不要逞能，不要浅薄外露，不要扬扬自得，这些中华古圣先贤的教谕无疑是正确的、有益的，但只讲这一面理则易流于一味地韬晦，缺少正大光明的竞争与上进。也许这一类的说法太多了，人会变得不阳光、不坦诚，乃至不求上进。讲故事也是一样，我们可以讲一个聪明反被聪明误、敏捷反被敏捷误、能干反被能干误的例子，为什么就不多讲一点聪明比愚蠢好、敏捷比迟钝好、能干比窝囊好的例子呢？后一类例子不是比前一类例子更常见吗？

之狙也，伐其巧、恃其便以敖予，以至此殛也。（徐无鬼）

这只猴子显摆它的灵巧，仗恃它的敏捷而傲视于我，以致遭遇了这样的噩运！

击人者人必击之，伺机者人必伺之

万事万物，利害得失，顾此失彼，捉襟见肘，尔知其一，不知其二，尔知其二，尚有其三……这样的事态情理，太多太多了。有多少人在设计别人的时候遭到设计，有多少人在希图侥幸的时候堕入陷阱！一物降一物，一物害一物，击人者人必击之，伺机者人必伺之。这个世界的安排里不无伟大与崇高，也不无自强与厚德，还不无惆怅与遗憾，更不无嘲弄与警示呢。

与大道相比较，我们这些生灵，怎么会这样浅见，这样可笑，这样危险呢？少一点害人害物之心吧，多一点质朴与善良，多一点平安与逍遥吧，心术的平安，是生活平安的最重要的保证。

物固相累，二类相召也。（山木）

世上的各类事物，原本就是这样相互影响、相互牵累、相互危害的。同样由于利害关系的错综复杂，两种不同的物类之间也就互相吸引着注意。

不要过度地动心眼、耍花招

人事工作不要过度地动心眼、耍花招，更不要搞阴谋诡计，这很明白，这样才有诚信，才能用好人，才能播种道德仁义，收获忠诚负责。否则，上下交相利、交相骗、交相谀、交相应付、交相推诿……各种病变也就层出不穷了。

而且从最高最大处来讲，庄子有点主张人事工作要有大局意识的意味。讲得太大了会产生清谈、空论、抽象化、哲理化，而忽略了某些职位的具体性、业务性。说下大天来，首要的是一个人能否胜任工作的要求、末端的要求，一个鞋匠出的鞋好不好穿，一个瓦匠盖起的房好不好住。这很可能是我们的文化传统注意不够的方面。

知谋不用，必归其天，此之谓太平，治之至也。（天道）

拒绝智谋、招数，万事循天道自然之理，这就叫天下太平，这就是治国平天下的最高境界。

不要做俗不可耐的人

自己本来俗不可耐，利欲熏心，却又装模作样，酸溜溜地拔份儿。这样的人呼之欲出。

俗能杀人，俗能专制，俗能使人众白痴化。俗而不露痕迹，无罪无咎，俗而一味地装雅、媚雅（北京话叫“装孙子”），庄子看得好透彻呀！

与夫人之为徒，通是非，而不自谓众人，愚之至也。（天地）

与世俗之人同流合污，是非好恶趋同，却还以为自己高于人众，真是愚蠢已极啦。

不要有求名之心，求礼之念

不要人气，不要畅销，不要荣宠，而且反求诸己。从此一切不得已、实在无奈的说法就都立不住了——一切既自命清高又暴得大名的人物的小算盘都露底了。名声大者必有求名之心，因名而获利者必有求利之念，因名得位者仍有求位之乐，而被人利用者未必不是有意无意地出卖了自己。人必须对自己的命运负责，而不是让环境让他人让天地负责！

我必先之，彼故知之；我必卖之，彼故鬻之。（徐无鬼）

首先是我自己说话行事太靠前，他因之能够知晓我的名声；我必定是有意无意地先出示过、出卖过、卖弄过自己的名声，他因之起意分享、收购、收取与利用我的名声。

不要炒作自己，不要推销自身

不要招引太多人，不要炒作自己，不要推销自身，金玉良言，实堪记取！眼能视，耳能听，心能收，就行了，难道你还要追求眼睛说话、耳朵敛聚（财富或者情报）、鼻子决策，而心能杀敌于千里之外吗？

以目视目，以耳听耳，以心复心。（徐无鬼）

大家用眼睛来看视眼睛所能看到的东西；用耳朵来听取耳朵所能听到的声音；用心思来恢复自身可能已经随外物而泛漫的心思。

第六章

不变的守持：留住生命的本真

为人处世要合乎本性、发乎内心

真人者，没有受到人间的种种伪劣之风习影响，合乎本性，发乎内心，天真无瑕之人也。

是之谓不以心捐（损）道，不以人助天，是之谓真人。（大宗师）

不因心有所爱憎，而罔顾、捐弃、损害大道，也不因己有所知就自命顺天助天其实是干扰天道，这就叫真人了。

尽最大可能听其自然

招数再多，不如以不变应万变，以大道理应万事万象；知识计谋再多，不如承认与听任无穷无比的自然的自行运作，尽人事不如听天命。这是老庄偏消极的思想。老庄的思路是，只有消极够了份儿，才有积极的前提与本钱。狗而多吠，人而多言，效果是适得其反的。越是伟大的人物，越是少说、不说、少做、不做，尽最大可能听其自然。

这样的思路的可疑之处就是，认定世上有一种万应灵丹、纯一之道，可以用来修身齐家治国平天下，可以用来从事工农兵学商教科文体卫，可以用来治疗内外耳鼻喉男妇各科疾病，它忽略了具体而微的知识与技巧，它通向玄学远远多于科学，它也忽视了实力的积蓄与资源的合理开发，它带有太多的一厢情愿的性质。

反己而不穷，循古而不摩，大人之诚！（徐无鬼）

返归自己的本性就不会陷入困境，遵循亘古不变的规律就不会矫饰自己，这就够得上是伟大的人的真情实状！

简单朴素同样值得珍视

正像个人有怀旧情结一样，人类、族群也会怀旧的。时过境迁，反而觉得过往的岁月，较少的人口，较简单的生产生活方式，较简单的人际关系，非常美好，这不是不可能的。例如李杭育的小说《最后一个渔佬儿》，就描写一个面对家乡的机械化现代化前景，而充满失落感的用最原始的方式捕鱼为生的老头儿的怅惘。

奔小康、奔现代化的同时，回味一下简单朴素的生活方式，或者在休假当中脱离城市、电脑、家电的包围，去到乡村露营，住帐篷，爬树摘野果，下水摸鱼……倒也有点享受丈人之乐、丈人之道的意思。所以我一再说，老庄不能当饭吃，但是可以当茶喝，当清火消炎药或者当仙丹服用。

吾非不知，羞而不为也。（天地）

我不是不知道，我是羞于做这种不合大道的事，所以我放弃了这种所谓的效率。

向后看的乌托邦主义同样可爱

向后看与向前看的乌托邦主义都很可爱。为什么我们硬是只可以从猿到人，却做不到从人到猿呢！无论如何，还不能放弃与草木鸟兽同在的美梦。换一个猛批伯乐的思路令人叫绝。其实老王早在四分之一个世纪前就在小说《一嚏千娇》中提出过，如果阿Q会写小说，他将怎样写同胞中的伟大作家呢？

及至圣人，屈折礼乐以匡天下之形，县跂仁义以慰天下之心。（马蹄）

等到圣人出现，费尽心力弄出些礼、乐来匡正天下的行为举止，标榜仁义来安抚天下的民心。

只知其一，拒绝其二

知其一不知其二，今天说起来似指一个人认知太片面太简单，有贬义。那个时候《庄子》外篇上的说法却可能是褒奖，只知其一，拒绝其二，这才叫精神的坚守，这才叫对于世俗的抵抗。而又没有今天的人讲到坚守与抵抗时的那种浮躁与夸张，他们仍然是优哉游哉，与世俗同行而进于超拔、纯朴、光明、素洁……令人惊异。不知道为什么后人远没有庄子的才华，比庄子不知道要鄙陋多少，却要对世俗作绝不容忍、血战到底等状。妙哉！

识其一，不识其二；治其内，而不治其外。（天地）

他们知其一不知其二；他们在意内心世界的完满，却不介意与外部世界的和谐。

要回到内心，回到恬静淡漠

《庄子》告诉我们，外物凶险，外物恶变，天有不测风云，人有旦夕祸福，人无百日好，花无十日红，还是要回到内心，回到恬静淡漠，回到玄理大道上去。

这只能算是说法之一种，还可能有别的说法，例如积极进取、虽败犹荣、但问耕耘、过程也是意义……反正，既然来到人世，实在不好被人世的混乱与风险吓回去。对于某些天真或者娇嫩的人来说，世界是可怕的。庄子早感觉到了。

众人焚和，月固不胜火，于是乎有僓然而道尽。（外物）

心情平缓不下来，压不下心火如焚，只能是精神崩颓，再没有办法自救。

确认你自己的位置所在

世界上既然有了以其人之道还治其人之身，就必然会有以自己之道还治自己之身。既然有可能自己为他人作嫁衣裳，也就有可能他人为自己作嫁衣裳，或办嫁衣裳、换嫁衣裳。

争夺是永远的，为谁辛苦为谁忙的困惑也是永远的——位置却是变来变去的。能不慎乎？能不疑乎？能不明乎？能永远糊涂下去乎？

故四子之贤而身不免乎戮。（胠箧）

他们都是按照圣人君君臣臣之法度而被害的，他们再贤明，也逃脱不了被杀害的命运呀！

人应该还其真，还其本

人应该还其真，还其本。与人为善，谦和礼让，才能减少敌意。夫唯不争，故莫能与之争。适可而止，知足常乐，返璞归真，洁身自好，清正廉明，才能心平气和。而一个人越是好处说好，坏处说坏，从善如流，闻过则喜，才显现了风度，也表示了信心，才真正能拥有人气；越是谦虚诚恳，越是实事求是，也就越能够保持尊严和公信力。

谨脩而身，慎守其真，还以物与人，则无所累矣。（渔父）

你本应该认真修养你的身心，谨慎地保持你的真实，让物与人都回到原生状态，那么也就没有什么拘系和累赘了。

违背本性只会适得其反

合乎本性的事，你不特意地去言说去强力去作为去谋划去思忖去执着去调理管制，也许事物的发展会更好一些。而违背本性、违背自然规律的事，你闹得再凶，能有什么效果呢？从古代到近现代，多少事不是这样啊？你越是大喊大叫要坚持的东西越是坚持不下去，越是严防死堵的东西越是堵不住，这样的事例难道是能够轻易忘记的吗？

春雨日时，草木怒生，铫鎒于是乎始修，草木之到植者过半而不知其然。（外物）

春雨到了时候就会降下来，草木生猛，农民便整修锄地的农具，杂草锄过后重新长起，规模超过了未锄草前的一半，而人们不知道为什么会长得这样快。

人宝贵的是朴素与纯洁

一个纯，一个素，在当今物欲横流、奇巧淫技泛滥之时，颇显宝贵。用《红楼梦》上的语言，现时就是到处“烈火烹油，鲜花着锦”，大自然受到极大伤害，人的原生美质，诸如健康、膂力、纯朴、善良等等日益丧失，用老子的说法就是“五色令人目盲，五音令人耳聋，五味令人口爽，驰骋畋猎令人心发狂，难得之货令人行妨”，讲讲纯素，确有几分理想主义的魅力。即使仅仅从文学的观点来看，一个本真的人，素洁的人，纯粹的人，而不是包装得令人头晕，美容得令人走眼，炒作得令人闹心的人，该是多么可爱呀。

能体纯素，谓之真人。（刻意）

能够做到朴素与纯洁，就是真人啦。

人要活得单纯一点、素净一点

人们受外物受他人的影响太多了。你动不动发愁，不见得一定是你自己有什么麻烦，而是你估量盘算计较旁人对你的看法对你的反应、与旁人的关系或与旁人比较竞争。人应该活得单纯一点、素净一点，也稍稍个人一点，好比乘飞机时乘务员宣讲的安全须知，遇有情况时，人应该先给自己戴上氧气面罩，再帮助旁人。这不能说不是一个重要的思路。

不仁则害人，仁则反愁我身；不义则伤彼，义则反愁我己。（庚桑楚）

我不去讲究仁爱吧，说不定会做损害旁人的事；讲究仁爱吧，我自己反而忧心忡忡起来。我不去讲究义气吧，说不定我会得罪旁人；讲究义气吧，又是自身先忧心忡忡起来。

不要轻率地去碰撞人心、搅动人心

小心点，不要轻率地去碰撞人心、搅动人心，更不要伤害人心。人心不易安宁，人心不易清静。人心可刚可柔，可热可冷，可高可低，可静可动。人心实在伟大，人心实在能折腾，人心实在难整。

庄子总结说，人心常在一上一下中煎熬，人的心灵、人的精神能力是人的骄傲，也是人生诸苦的一个重要来源。因为人心不但能反映现实，而且能预感预想未来、念及过往、感受顺逆、有所爱憎亲疏，还能分析综合，忧虑过去现在未来，并兼忧终极，古诗上的话叫作“人生不满百，常怀千岁忧”。人心似乎能够放大、加剧乃至制造人的焦虑与煎熬，这是庄子的一大发明。

其居也渊而静，其动也县而天。偾骄而不可系者，其唯人心乎！（在宥）

人心停顿下来，深藏广博而且沉静。一旦动了心（或心被搅动了），瞬间高悬到了高天，直冲霄汉。动荡骄纵，难以约束控制的就是人心啊。

文明也会存在代价

文明有文明的代价，无文明有无文明的代价。文明的代价是纯朴自然的失落，是烦琐，是走形式走过场、虚与委蛇乃至骗局伪善的出现，是以文明以价值为理由引出的愚蠢而且残酷的纷争。无文明的代价是贫穷落后、愚昧无知、挨打受欺，被淘汰而灭亡。庄子，有时还包括老子，只谈一面的代价，但确实谈得精彩，令人耳目一新。

故马之知而态至盗者，伯乐之罪也。（马蹄）

所以说，马学会了对抗人类的各种招数，这都是伯乐的罪过呀。

仁义不能取代本性

人性也堪称是洋洋大观：仁义、道德、爱心、欲望、利己、利人、贪婪、嫉妒、恐惧、焦躁、自保、护短、忧患、逍遥、和谐、浪漫、幻梦、好斗、记忆、遗忘……种种人性，这是一个内宇宙呀，抓住其中的一个方面就立论、著书、授业、宣扬，然后与抓住其他方面的论者势不两立、血战到底，陋矣哉！

完全不说仁义与完全依靠仁义，与完全否定欲望或只知一味纵欲，都是太天真了吧？完全没有道德，与视道德为万能，靠道德以救世，忽视发展这个硬道理，都是太幼稚了。

人易犯的毛病之一就是简单化，何况远在先秦，两千数百年前！

天下莫不奔命于仁义，是非以仁义易其性与？（骈拇）

天下人都急于疲于讲仁义、行仁义、闹腾仁义，这难道不就是用仁义取代了自己的本性天性了吗？

警惕文化与人为

庄子，某种意义上老子也是一样，他们主张天道、自然、大道，这当然很好，但是他们看多了世人特别是那些自以为是的能人、大人物、有大志之人的愚蠢与蛮横，他们干脆否定人为的一切与文化的全部。人既然需要自然，那么说明自然也需要人。文化可能带来灾难，但无文化却可能是更大的灾难。仁义道德的教育不一定完全成功，这里有伪善化、形式化、竞争化、表演化的可能，但是如果一个社会里完全没有仁义道德，只有动物本能，其后果会成为什么样子，也是不难想象的。智慧有可能带来阴谋诡计、勾心斗角，而愚蠢则可能带来野蛮残暴、无知迷信、自戕自灭。许多族群的古代习俗中就包括了这样的部分，例如以活人祭天、祭太阳神等。一味地提倡人定胜天，叫喊“我就是玉皇，我就是龙王”（出自“大跃进”歌谣），未必可取；一味地叫停人类的活动与文化，也颇可疑。

故此皆多骈旁枝之道，非天下之至正也。（骈拇）

这些说起来就好比是人们的连趾、六指、附赘、悬疣，不是真正的正道啊。

文化与价值不能伤损人的天性

在我国，异化的问题在几十年前引起过轩然大波。此一时也，彼一时也。原来，早在两千多年前，庄周及其他一些人已经发现、思考、讨论了关于异化的问题，关于文化与价值从为人服务变成了人为文化与价值服务的问题。当然，庄子并没有、也不可能解决这个问题。能提出这个问题，能提出此类大困惑、小困惑的问题来，已经是了不起了。

故此数子者，事业不同，名声异号，其于伤性以身为殉，一也。（骈拇）

这样几类人，事业不同，名声、说法不同，他们为了身外之物伤损了天性、牺牲了自身则是并无区别啊。

最重要的是自我的内容

庄子常喜欢用这种极端方式述说自己的观点。一个人的德行是否高尚，是否够得上一个美德的标志（符号），不在于他的外表，而在于他的内容。这很好。但反过来太贬低体态健美乃至性感的意义，似是中华古老文化的偏执点之一。

固有不言之教，无形而心成者邪？是何人也？（德充符）

莫非世界上真的有不讲话的教育，不具备任何形式的心灵感染式教育吗？这算什么样的人物呢？

相信你自己的天性

人为什么会那样地惶惶然不可终日呢？人为什么不能相信自己、相信常识、相信天性、相信平常的生活路线呢？人为什么硬是要把生活规范价值观复杂化、烦琐化、自戕化、较劲化呢？请想想看，你的不可终日的惶惶中，有多少是确有其事，有多少是自寻烦恼呢？

女亡人哉，惘惘乎！汝欲反汝情性而无由入，可怜哉！（庚桑楚）

你是个迷了路的人呀，你是个迷迷糊糊的人啊！你想恢复自己的本性，却硬是不得其门而入（你是回不了家的孩子呀），太可怜啦！

返璞归真，不要搞阴谋诡计

明白无误地提倡愚，批评乃至谴责知与智，是老庄学说的一个特点。当然，我们也可以考虑到，古代对于愚的解释也许包括了更多的积极正面的东西，例如返璞归真，例如说一不二，例如不搞阴谋诡计，等等。

我们还要考虑到一个说法：大智若愚。起码世界上有两种愚，一种是弱智脑残，一种是超级的智慧与聪明，像孔子所说的宁武子那样“邦有道则知，邦无道则愚”。

与大智若愚并列，也会有大愚若智的情况，我们传统的说法叫作愚而诈，自命机灵鬼，诡计多端，小丑罢了。

庄子提倡的愚与弱智状态的巨大区别：抱元守一，精神向一处拢，注意向一处聚，视听走同一个方向，心智只认一个大道，自然不会焦虑也不会失眠，不会闹心也不会致气，以一抵御杂、多、邪、故（事端），还有贪欲之类的各种非道性侵扰。

摄汝知，一汝度，神将来舍。（知北游）

还请收敛你的智巧，齐一你的忖度，神采、神力就会驻留在你的心中。

珍惜自我，不可欲壑难填

如果懂得自己的所以然的道理，秋毫也是够大的，它不会要求自己放大、更大；放大了更大了就不是秋毫而是舆薪——柴禾了。而如果它一心膨胀，泰山也是不能满足的，还有喜马拉雅山比它高，黄山比它秀美，阿尔卑斯山比它如何如何呢。寿命也是一样，珍惜生命，享受生命，善待生命。短短的几年也够你做许多令人满意的事情，而欲壑难填，野蛮麻木，即使像彭祖那样活上八百年又有什么好处?

故意地贬低泰山与彭祖，夸大秋毫与殇子，无论如何还是太过分了。刻意出口惊人，忽悠大发了，智者不为也。这是虽智如庄子，亦难免之矫情也。这里有口舌的快意，有思想的犀利感，有夏令时作惊人之论的许多人，尤其是许多才子会有的大话狂，於戏!

夫天下莫大于秋豪之末，而大山为小。（齐物论）

公认的细小的秋豪（毫）即鸟兽在秋天新长的细毛是最大的，而公认的庞然大物大（泰）山才是最小的。

珍藏你的良知良能

你讲得明明白白，也可能只是让听者明明白白，你自己其实仍然留着黑洞，留着模糊数学，留着唯惚唯恍，留着调整变化的空间。

也就是说，你发表的意见无论做到了怎样的明达透亮，你还是要留下一点点，也必然留下一点点，不可能不留下一点点深不可识的秘密，这样的秘密你自己也还闹不成个小葱拌豆腐——一清（青）二白。你应该珍藏你这最后的珍宝，你的良知良能，你的不出户而知晓的天下，不窥牖而见识的天道。你不可能把这些暴露出来，因为它们无法离开你的人格与身心，变成可以传递教授的讲义或者要领。

欲是其所非而非其所是，则莫若以明。（齐物论）

你果真想驳倒对手，颠倒改变他的是非观吗？那么你能不能更加明白一点、明达一点，不那么拘泥于成心成见呢？

重视你的精神品格

中国确实有尊崇清高的传统，多少能与为富不仁抗一抗，哪怕是阿Q式地从精神上胜它一利。中国确实也有仇富仇贵的传统，多少能为弱者们失败者们出一点虚气。中国人有重精神享受、精神品格、精神境界的传统，这倒是很好。尤其是现在，一些个暴发户，一些短平快的一时获利者，浮躁到了极点，也猖狂到了极点，读读《庄子》有好处。顺便说一下，老王可不是穿破絮的人，老王的葡萄是甜的，一点不酸。

养志者忘形，养形者忘利。（让王）

注重培养发育自己志向的人会忘记自己的形体，注重保护与滋养自己形体的人会忘记自己的蝇头小利。

保持谦卑与低调的态度

庄子提倡的是一种在世界与历史面前的谦卑与低调态度，齐物的结果必然是谦卑与低调。只有爱爱仇仇，黑黑白白，以真理的化身自居的人，才会生杀予夺，自我作古，大胆妄为。

六合之外，圣人存而不论；六合之内，圣人论而不议。（齐物论）

俗人们与圣人们正好相反，俗人们对六合之外的事情是论而不存，即只知无根据地瞎说；俗人们对六合之内的事情，是议而不论，指手画脚，却根本不知就里，也不知其奥妙。

相信和依靠自然很重要

从个体生命的发生状况出发来理解大道的本性，这不失为一个好办法。你的形体与生命的出现并非你的意志有所要求有所作为的结果，而是道与德自然发展的结果。这样，你就能相信和依靠这个自然、这个大道、这个玄德，你就不会去热衷于后天的学习精进与人情世故。

夫王德之人，素逝而耻通于事，立之本原而知通于神，故其德广。（天地）

具备着充实的德性之人，简单、朴素、真诚（或者是本色地做出反应），我行我素，而以通晓人情世故为不取。他只需保持本原的德性就能智通于神，与大道自然一致。所以说，他的德性广阔。

学习修养，最重要的是师法自然

以自然季节表达人的品质的思路与自古就有的天人合一思想是分不开的。学习修养，说到底最重要的是师法自然，不仅绘画与音乐，人的道德品质，也要学自然学四季学天地学日月山川。这样的思路有它的魅力。

凄然似秋，暖然似春，喜怒通四时，与物有宜而莫知其极。（大宗师）

这样的真人像秋天一样凄凉孤傲，又像春天一样亲和温暖。他们的喜怒哀乐与四季相通，与外物与世界相适应而变化无穷。

不要为出声而出声

人的言说，有时候与刚出壳的雏鸟一样，为出声而出声，为叽叽喳喳而叽叽喳喳。哪有什么认真的意义！

用北方农民的话说，你说话无非是怕别人拿你当哑巴卖了。

其以为异于鷇音，亦有辩乎，其无辩乎？（齐物论）

一个人的言论，就一定与雏鸟破壳而出的本能的鸣叫不一样吗？你有什么根据什么标准来判定人的发表意见与雏鸟的乱叽乱喳的区别？还是它们其实属于同类，同属叽叽喳喳，根本不值得认真对待？

比名声，不如看实践实效

我们曾经强调，新生事物都是要大喊大叫的，可能吧；但同时，仅仅大喊大叫不一定就是新生事物，也不一定就能帮助新生事物。大喊大叫可能是假充新生事物，最后暴露了腐朽；也可能是虚张声势，反而弄坏了学术与社会风气。与其比叫声，不如看实践，看实效。

德溢乎名，名溢乎暴。（外物）

德行的夸张过分是由于名声太过，名声上的大吹大擂是由于张扬与显示的意图。

人为的而非天然的就是伪

大道进入了生命领域，进入了人间，就要按天性、人性办事，避免和克服人事人为人间的非人化、非人性化、反人类化。同时，不是出自天性，不是出自笃诚，为就会变成伪。什么叫伪？一个“人”，一个“为”，人为的而非天然的就是伪。

让我们想想看，我们一生中会碰到多少装腔作势而实际上愚不可及，摇头摆尾而实际上空洞无物，指手画脚而实际上全无用处，蛮横霸道而实际上极端平庸低劣，滔滔不绝而实际上全是假大空的废话、套话的自作聪明的白痴与弼马温啊！

性之动，谓之为；为之伪，谓之失。（庚桑楚）

心性有了动机，就会驱动一些行为，叫作有为。有行动而不是来自真诚的动机，乃是受人为的伪动机所驱使，叫作失掉了本性。

人要朴直，而不是作伪

庄子认为具体的美德都是可以做出来的，是能够人为地作伪的，也是可能打折扣的。我们早就有这一类的词，说明我们早就见识到了这样的人和事：曰沽名钓誉，曰刁买人心，曰欺世盗名，曰装腔作势，曰虚与委蛇，曰巧伪人，曰伪善，曰假仁假义……近世，甚至有以写日记，在日记中夸张自己的先进思想与先进事迹为登龙奇术的。怪不得老庄都渴望人们能够更朴直一些啊。

仁可为也，义可亏也，礼相伪也。（知北游）

至于仁，那是必须有所作为的，仁可能是做出来的；而讲求义，是可能亏损残缺的，是可能打折扣的：恰恰是有了欠缺才闹出个义来没完没了；而礼的那一套常常只是表面文章，大家相互作伪罢了。

人的生活与思虑应该是最简单的

老子与庄子，其实都反复地强调大道至简。大道是最简单的，人的生活与思虑也应该是最简单的。他们怀疑与警惕知识智能的繁复化、延伸化与巧伪化。他们呼吁着期望着人们回归到朴素纯正的原始状态、未开发状态、山泉水清的状态，而痛斥日益繁复的说教、规范、计谋、学说、雄辩、礼节、体制直到“拉屎攥拳头——暗中使劲”的教育与修养。他们有一种相当执着也相当浪漫的婴儿乌托邦主义与原生乌托邦主义。他们认为，万物在它们刚刚出现的时候都是处于或呈现为最佳状态的，一切坏事都是后天的人为结果。

只强调了至简，而忽视了复杂与进化，这可能是我们的文化传统的一个弱点。如果大道也至简，万物也至简，天下只有至简，没有繁复，那还叫什么世界！

复命摇作而以天为师，人则从而命之也。（则阳）

回复本性，有所运作与表现，处处以师法自然为原则，人们从而愿意跟随他信任他。

远离空谈许诺、好高骛远的人

机不可失，时不再来。关键时刻，一升一斗的水的作用胜过了一条大江。为什么古人说“涓滴之恩，当以涌泉相报”？因为你的涓滴是在他最最干渴的时候所给予的。空谈许诺，好高骛远，拖延时机，失之毫厘，差之千里，这样的人，不如早早地到枯鱼之肆去挺尸！

我且南游吴越之王，激西江之水而迎子，可乎？（外物）

我要到南方去劝说吴越君王，引西江之水来迎接你，可以吗？

不要丢实求名、丢主求宾

丢了实求名，丢了主求宾，是俗人的通病。人这一生，忘掉了实，却为宾而闹他个死去活来，这样的事已成人类通病。例如“文革”中有的老人，干了一辈子革命，最后却因等不到一个“人民内部矛盾”的结论而抑郁致死；有的堂堂知识分子成就卓著，却为评一个职称而痛不欲生或丑态百出……叫人说什么好！

名者实之宾也。吾将为宾乎？（逍遥游）

名声是实际的附属物，我难道是为了从属的东西而献身吗？

做老实人，说老实话，行老实事

一切收益，一切殊荣，一切意想不到的好运，一切天上掉下来的馅饼，都是侥幸，同时都带来了巨大的危险。可以从正面想：不入虎穴，焉得虎子；舍得一身剐，敢把皇帝拉下马；吃得苦中苦，方为人上人。也可以从反面想：知足常乐，能忍自安；韬光养晦，逍遥自有逍遥福；不要妄想妄念，做老实人，说老实话，行老实事。

子能得珠者，必遭其睡也。使骊龙而寤，子尚奚微之有哉！（列御寇）

你能侥幸地获得这样的宝珠，不过是可巧赶上黑龙睡着了。要是黑龙醒过来，你还想活着回来吗？

不要作茧自缚，丧失天性

智者、辩者、说客、能人、高位者、成功者又何尝不是作茧自缚，丧失天性，变态异化，缘木求鱼，南辕北辙？人啊，你们太愚蠢啦。这样的事例不胜枚举，有几分沉痛在焉！

夫得者困，可以为得乎？（天地）

有所获得的结果是作茧自缚，还算得上有所获得吗？

愈是处心积虑，愈会防不胜防

学说话不用延师设课，只需要与会说话的人相处，道法自然。保平安要的也是自然，不要处心积虑地去自保，愈是处心积虑，愈会防不胜防。所以老王最喜欢的言语之一是“不设防”三个字。你与平安厚朴的人处在一起，不要和惹是生非、冒险贪婪的人接近，你当然也会平安；不扰民、不扰官、不投机、不伸手、不设防，你有什么可不平安的呢?

婴儿生无石师而能言，与能言者处也。（外物）

婴儿生下地来并没有高明的老师，他照样学会了说话，只因为他跟会说话的人相处在一起。

有成心有谋划，就会违背人的天性

庄子是提倡师法天地、师法自然的，同样，这种师法也只能自然而然地无心进行，只能在忘天忘人的“吾丧我”的情况下进行。有心栽花花不开，无心插柳柳成荫。师天的前提是随性，一有成心有谋划，就不是天性，就可能成为作秀，就违背了天性，也就不得师天了。

夫师天而不得师天，与物皆殉。（则阳）

越是吃力地去效法天，就越可能得不到效法天的效果，而变成与外物一道去追逐忙碌，这又怎么能够算是效法天呢？

第七章

顺水而行：游刃有余地生活

认清天与人的关系

诸子百家兜售叫卖，谁能没有偏见？谁能没有私心？谁能与世界的征兆相通、英明地判断世界？大家都在那里沾沾自喜于一些小聪明小伎俩，沾沾自喜于一些小成绩小事功。可悲乎？可悲也！人们，我是爱你们的，你们其实是太可怜复可笑啦！（这里有一点“人一思考，上帝就发笑”的意思。）

在天与人之间，庄子不断地颂天而斥人、贬低人、嘲笑人，却也悲悯人。将这样的思路与数十年来我们习惯的类似“人定胜天”的命题作一比较，如果能有所了悟——当然不是说就接受庄子的说法，但总要弄清庄子之所以不厌其烦地说“是天而非人”的道理——亲爱的读者，你可以算作一个明白人了，你今后的生活也就会明白畅达得多。

你懂了吗？

明者唯为之使，神者征之。（列御寇）

自以为明白的人，明白了半天，实际上仍然是被外力所驱使。

顺应天道，安于自己的位置

依庄子的观点，一切所得，历史的一切成就，来源都是天道，而不是个人，个人的关键问题是处于那个位子上，安于此位，守于此位，胜任于此位，自然也就得到了天赐。具体说来，历史情况千差万别，有的是因己成事，有的是因人成事，有的是因势成事，而有的是因势毁灭。楚霸王就认定：“天亡我，非战之罪也。”但历史学家未必这样看，后人如毛泽东则认为霸王别姬是一言堂造成的恶果。人乎天乎，各个不同，两者的因素都有。

知天人之行，本乎天，位乎得。（秋水）

天是人事之本，人只可以顺应天意，明白于此，才能使自己立于不败之地，无咎而自得。

顺势而动，顺其自然

顺势而动，顺其自然，对的，但是你的动是有方向的，你的顺是有目的的，否则你下到急流惊涛之中，所为何来？即使只是为了玩玩，也还是有目的呀，也还要有自我保护、避让危险，有时也需要奋力搏击，哪怕只是逍遥游，没有搏击的逍遥，能够逍遥得痛快淋漓吗？没有实现的奋斗，能够有满足感吗？

吾始乎故，长乎性，成乎命。（达生）

我起初不过是故常熟悉，后来是习惯成性，能游凫成功完全在于听其自然。

最高的技巧是无技巧

人是有可能进入这样的境界的，即最高的技巧是无技巧，大道无术。不但进行肌肉骨骼的刻苦训练，而且进行意志品质的难度训练。被训练者不仅用躯体器官接受训练，而且用心神悟性接受大道的启迪，这样才可能做到一通百通。一个运动员，一个艺术家，乃至一个政治家都会有这样的过程，先是战战兢兢，如临深渊，如履薄冰，千难万险，千辛万苦，做出一点成绩，创造一点记录。随着时间的推移，随着悟性的空前提高，随着客观条件的转化，天命在我，天佑有道，同时随着熟练化、成熟化、主体化的进展，他或她能全身心地投入到事业或竞技中，相当放松，变苦为乐，变难为易，左右逢源，于是俯拾即是、顺手拈来，皆成佳绩。

是射之射，非不射之射也。（田子方）

这是一心射箭之射，不是无心射箭之射。

行为的最高级状态是如入无人之境

其实，万事万物莫不如此。世上并无易事，你想做好一件事就像庖丁想把牛肉与牛骨肢解、分离一样，到处是硬骨软腱，是筋头巴脑，是皮革毛层，无处下刀，下刀则毁。但是你如果掌握大道，也就是掌握一切自然之理自然之分析，叫作掌握天理，掌握一切关节接触之处，目无全牛，只见得刀路之现成、之宽敞明亮、之不必费力不必寻找，稀里哗啦，一齐活啦。

这是理想，这是美梦，这是人类的劳作与行为的最高级状态，是熟能生巧，是会者不难难者不会，是掌握了客观规律，如入无牛之境（一般说是如入无人之境，无障碍、无麻烦、无歧路、无浪费、无劳费力）。

彼节者有间，而刀刃者无厚；以无厚入有间，恢恢乎其于游刃必有余地矣。（养生主）

牛的骨节之间有缝子，而锋利的刀刃的厚度接近于零，以锋利的近于零厚度的刀刃，伸进明显的缝隙之中运行，宽宽敞敞，叫作游刃有余。

做事如有天助是一种境界

人到某种境界，做事如有天助。文学创作中这种情况尤多：“文章本天成，妙手偶得之。粹然无疵瑕，岂复须人为。”这是陆游的话，说明陆游写作中也有过此种“无为而无不为”的感觉。写作如此，可以想象万物万事。到了庖丁解牛的份儿上，就是天成而不仅仅是人为了。反过来说，天可以成，便可以毁，项羽曰：“天亡我，非战之罪也。”这也是他的实际体会。从概率的角度来看，当然可能。天灾人祸当中都有“天亡我也”的成分。而天不灭曹也罢，天成大业也罢，也都有天成的成分。

七年而天成。（寓言）

七年后诸事天然成就毋劳心力。

保持平衡与静止的状态

要能够在表面的恒久中看到正在起变化的因素，在表面的风驰电掣中看到恒常地起着作用的因素。不因为日新月异而眼花缭乱，更不因之而头昏脑涨。不因为天如此而看不到新的危险新的可能新的变化的契机。这就算有点道行了。

以静止保持平整，保持清醒，保持判断的客观性、全面性、准确性、一贯性。以平衡与静止的状态保持身体各功能的正常运作，从而保持免疫力与健康通畅，保持体力、智力与耐力的最优化，这是可取的，这也是读《庄子》可能获得的一个启发。

同时完全可以也必须敏锐地注视着变化与变化的先兆，有所准备，有所预见，使自己立于不败之地。这二者应该是不矛盾的。一个人靠整天平静、端坐养生，说不定会搞得发疯。一个国家朝令夕改，什么都没有准谱，扰民害民，难以长治久安。

平者，水停之盛也。其可以为法也，内保之而外不荡也。（德充符）

比如水，完全停止了运动就可以达到平整的极致。达到了平整的极致，也就可以成为依据、成为法度了，可以保持自己的性能而不受外力之激荡了。

同则无好，化则无常

同则无好，化则无常。这样的话语与见识放到现在讨论似乎比追溯过往，比回到当年庄子的语境、将之作为历史话题研究还令人感到亲切合榫。现在我们会更加体会到万物的变化莫测、一日千里。与大道同而通之，你就不至于搞什么偏好偏见，搞什么西化派、西马派、国粹派、“新左派”、“极左派”、新自由主义、原教旨主义即基本教义派、复辟派……你又何必为万事万物的变化而看不惯，而只剩一条筋，只认一个理儿呢，只在那里独自怎生得黑呢。

无好无常，仍是与时俱化、与时俱进、接受历史更接受未来的意思。

同则无好也，化则无常也。（大宗师）

通了，与万物一体了，也就没有自身的偏好了，没有什么计较了，能够自然而然地变化，也就没有固定的想法没有思维定式了。

万物听其自然有可爱可贵之处

万物听其自然的思想当然有可爱与可贵的地方，但是这种说法又不利于生产的发展与科学技术的使用，不利于工业化与现代化。科学技术，要的是最佳值，要的是以人的、技术的精确性与标准化来取代自然的随意性与多样性。

庄子啊庄子，你的时代毕竟是太早太早，太老太老了。

屈折礼乐，呴俞仁义，以慰天下之心者，此失其常然也。（骈拇）

用礼乐来规范人的言行，用仁义来安抚（糊弄）民众，告慰（讨好）天下人心，这都是失去了常态的靠不住的做作。

人生要随遇而安，随意而往

人生不必自讨苦吃，不要给自己找麻烦，要从一切有为、成心、仁义、道德、规范、使命、条条框框中解脱出来，利人利己，无忧无虑。本来嘛，人生几十年，不就是随遇而安，随意而往，随缘起止，随风飘荡嘛。新疆人的说法，人是随风刮起的流沙。英文的说法是 Gone with the Wind——随风飘去，即小说《飘》这一标题的原文，却不知原来庄子在两千多年前就有此意此词。

当然，这样说又太虚无太原始了。那样的话，人与一切动植物、矿物、尘埃、病毒就完全等同了。人毕竟有灵性，有自觉，有社会也有家庭、族群与国家。人并且有良知、良能、天良，有对于真善美的愿望，哪怕这种愿望还很不清晰，还存在纷争，人们还有基本上能够得到共识的价值认定与价值体悟。庄子提醒我们不要太跟自己较劲，则是有点意义的。

浮游，不知所求；猖狂，不知所往。（在宥）

其实，我们压根也都是随遇而安，到处飘浮游荡，并没有什么追求、目的；任性任意，无束无拘，随意而往，想干吗就干吗，也未必知道有个什么目标方向。

发现生活，发现内心

你的内心接收装置只有与道的源头、道的编码匹配，才能接收到它的伟大信息。而你的外界对象又必须与你的心灵匹配，或你的心灵又必须与外界的接收装置匹配，才能发出或转发出世界、外界能够接收并从而激活运作起来的道之信息。

这个说法有点接近于我喜欢讲的一点体会，读书、学习、做事，最有趣、最激动人心之处在于从中发现生活，发现内心。内心是火种，生活是木材与煤炭的积累。没有火种就没有火焰，没有光和热。没有燃料，火种也只能熄灭。同时，最有趣之处还在于从自身的体验、经验、感受、模糊琐碎的林林总总之中，感受到书本、哲人、学科与文化的花朵与果实。

由外入者，无主于中，圣人不隐。（天运）

即使你从外界听到、见到了有关大道的启示讲授，获得了有关大道的伟大信息，如果你内心中没有主见、悟性来消化吸收，圣人也没有办法使你将它们收藏，无法将道化为你的血肉。

与天融合为一的人，不会计较尊宠侮辱

抓大放小是人的天性，当四肢都保不住的时候，外观如何也就不在话下。当因重罪而失去了自由与尊严之后，死活反而成了小问题。与天融合为一的人，自然不会计较什么好话赖话、什么尊宠侮辱。有火气是具体的与偶然的，无火气是总体的与必然的。有忙碌辛苦是具体的与偶然的，无忙碌辛苦是总体的与必然的。

胥靡登高而不惧，遗死生也。（庚桑楚）

服苦役的囚犯，登上高处也不怎么害怕，因为他们的处境已经使之顾不上自己的死活。

自我清明，才不会有什么牢骚与怨怼

只有你把自我与道联系在一起的时候，只有当你能够思考（我思故我在）的时候，也就是只有你已经接近了某种灵性、知性、道性的时候，只有你已经庶几成为道的选民，得到道的青睐的时候，你才能思考如下的大问题：彼（物）与我，取（感知）与被取（被感知）……能思考到这样的大题目了，能为这样的大题目而不安了，近道矣，近矣！

这样的悲哀惨烈荒谬说明你已经在靠近大道。大道靠近了，更加危险，道魔一念间。人可能在接受大道启发的同时感到了困惑与悲哀、清明与惨烈！因为你的心灵已经因大道的下载而苏醒，你的自我已经因大道而清明。但同时你的眼睛里已经不搀沙子，你也感到了“大哀”，感到了疲役（用今天的话说就是活得太累），活也白活，还有什么牢骚与怨怼。

人之生也，固若是芒乎？其我独芒，而人亦有不芒者乎？（齐物论）

是不是只有我才独独感到这样的困惑与茫然呢？抑或所有的人都与我一样困惑而且茫然呢？

人应该强调节劳，追求稳定平安

最大限度地追求稳定与平安，减少欲望与焦虑，同时听其自然，导其自然自动，不必硬性较劲，其理甚好。庄子还反复地强调节劳的观点，而且不仅是从养生、防病、身体健康的观点来看节劳，这也是一个世界观的问题。简化一点说，过劳，是世界观不对头的表现，是过高估计了自己的主观作用的结果，是野心、私心、自我中心、急躁、空谈、愚执、虚火、欲望、不自量、好表现等庸人的通病所造成的。此说或不无片面，但仍然值得深思。

纯粹而不杂，静一而不变，淡而无为，动而以天行，此养神之道也。（刻意）

人的生活与精神世界一样，要做到清纯精粹而不会杂乱，要做到静安专一而不会东变西变——老是踏实不下来，要恬淡无为，一切随天道、天机、天象而自然运转，这才是养护精神之道之方啊。

用智慧与恬淡互相涵养

用智慧与恬淡互相涵养，这是高明之论，很妙。只有单一的恬淡未免消极抑郁，将生命彻底空洞化的结果，如果闹不成神仙，则更可能变为白痴或趋同于白痴。过度玩弄、显摆、贩卖智慧、计谋、辞藻、花招，则易显浮躁、浅薄、廉价，自毁形象与成就，而且为智谋而智谋显示的是无根本无底线的机会主义、投机奸诈。要以智慧与恬淡互养，恬淡使智慧厚重仁慈，智慧使恬淡心明眼亮。其实不仅仅知（智）与恬，很多事很多品质都需要交相养起来，如执着与超越、自信与谦虚、顺其自然与恪尽人事。

知与恬交相养，而和理出其性。（缮性）

智慧与恬淡互相滋养、丰富、充实，人就可以做到和谐平顺。

保持清醒，避免极端主义

我们在自强不息、努力奋斗的同时，也要保持一点清醒与冷静，悠着点，避免极端主义与非理性火气，避免自以为是与一意孤行，避免偏执与霸道，避免自己与自己过不去。舒卷有度，刚柔并济，张弛得法，劳逸兼顾，是养生的原则，也是求知的方法，更是可持续做事的法门。你不一定时时事事全部能做到这一点，做不到也还要想一想，能这样想一想的人即能够作齐物之辨的人已经有些悟性了，有些逍遥了，有些道行了，有些快乐了。一句话，不蠢啦。

未成乎心而有是非，是今日适越而昔至也。（齐物论）

并未经过充分的调查研究与思考而已经判断了是非，就像到达目的地——越国在前，而出发在后一样，是颠倒了次序、颠倒了过程的呀。

不做姿态，适可而止

道法自然，行云流水，过犹不及，不论您是学道行道，仁慈关爱，智慧聪颖，清廉纯正，勇敢无畏，都应该是诚于中而形于外，自然流露，自然反应，不事声张，不做姿态，不摆架势，不搞运气发功炒作声势，而且止于所不知，叫作适可而止，老老实实地承认自己有所不知、有所不能，不热昏，不吹牛皮，不硬拼，不作状，不哇里哇啦，不蝎蝎螫螫，不以闹腾取胜。这很像是对症下药，专治彼时天下大乱、群雄并起、血腥争夺、贩卖兜售中发作的热昏狂躁之症，抑制亡命赌徒心理。“邦有道则知，邦无道则愚”，当初的乱世中能学点老庄，压压心火，平平躁瘟，良言也，忠言逆耳、良药苦口是也！治世中呢，学学老庄，能不能治得长久一点，稳定和谐一点呢？虽然没有那么简单，但至少不无好处吧。

注焉而不满，酌焉而不竭，而不知其所由来，此之谓葆光。（齐物论）

这样的容存，往外倾倒多少也不会减少，往里吸收多少也不会满溢。为什么能做到这样呢？不需要说出想出什么缘故。这才是内在的永远的光辉呀！

你得有点过硬的干货

靠实绩，过多的道德说讲有可能作秀化、修辞化、清谈化、高调化、忽悠化。你不能一辈子老是吃道德优越的饭，你不能一辈子都是靠道德优越吃饭，你得有真本事、真技术、真成绩、真货色。一句话，你得有点过硬的干货。

仁义，先王之蘧庐也，止可以一宿而不可久处，觏而多责。（天运）

仁义，是先王的旅店，可以临时借居一宿，不可多住。你太张扬名声仁义了，只会因为自己的显摆而找麻烦。

天下自然有道，不要费劲妄为

老庄不厌其烦地告诉我们，天下不需要拿尺子量直，拿圆规画圆，拿胶漆粘连，拿绳索捆绑，天下自然有道，自然该直的直，该弯的弯，该方的方，该圆的圆。你费劲越大，标准越多，衡量与提倡、努力与说教越多，世道就越乱。这个说法叫人入迷，但恰恰与仁义道德的说教一样，偏于性善论，偏于泛道主义，偏于相信人本来自己就能很好很好，这与西方的原罪观念，用法制管住罪恶的观念，大异其趣，其间是非曲直、成败利钝、轻重得失，是有案可查、有经验可总结的。

故天下诱然皆生，而不知其所以生；同焉皆得，而不知其所以得。（骈拇）

所以天下万物自然而然地生长发育，自己并不知道为什么要或如何才能长成这样或那样；天下万物各得其所，自己也不知道为什么得到了生存的条件。

戒慎恐惧

戒慎恐惧，戒是控制自己不敢放肆；慎是小心翼翼，不敢粗心大意，必须集中注意力；恐是处于紧张状态，时刻提醒自己到了最危险的时候；惧是想到一切风险，做好不成功的预案。

庄子的养生也不只是认，只是吗也不干，他树立了庖丁这样的标杆，常人难及，既能高明熟练无懈可击，又能轻松快乐，养生娱生，这敢情好！

好则好矣，你够得着吗？不必绝对，一生中有那么一两次你能举重若轻，你能庖丁解牛，你能迎刃而解，你能宰牛而使牛不知其死，你已经是一等一名，你已经超凡拔俗，你已经不受邪祟，你已经立于不败之地，很可以飘飘然这么一把，也算悟道得道用道，也算不枉为中土人物了！

虽然，每至于族，吾见其难为，怵然为戒，视为止，行为迟。（养生主）

虽然这样，可是每遇到筋骨盘结的地方，我知道不容易下手，小心谨慎，眼神专注，手脚放缓。

反对刻意，注重随缘

一个叫刻意，一个叫随缘，这是两种人生战略、人生取向。老庄提倡的是随缘，反对的是刻意。但是，只强调随缘与通变，全无刻意与执着，又似乎不免成为机会主义、机缘主义、随风飘飘，甚至会成为一切有始无终、前后不一、出卖灵魂、投机取巧的借口。同样，一生轻松，绝无奋斗努力、投入献身，作为人生理想，显然也是片面之词。

应该说，人这一生，关键在于取得随缘与刻意、通变与执着、放松与紧张之间的平衡。没有前者，个个都是自寻烦恼、害己害人的榆木疙瘩，当然不好。没有后者，克服不了任何最小的阻力，只剩下了得过且过，也就没有价值也没有真理，没有事功也没有成就，没有文明也没有主张，叫作没有了底线，固匪夷所思也。

不刻意而高，无仁义而修，无功名而治，无江海而闲。（刻意）

不去有意识地求什么修习什么却能够境界高蹈，不在乎什么仁义道德却能修身养志，不讲求事功政绩却能治理有方，不走入江海旷野而能够悠闲自在。

不合人情则多忧多事

庄子提出一个不合人情则多忧多事的判断标准，这很平实，很简单，也很管用。就是说，如果你要做的事情，你主张的理念不符合人之常情，你只能事倍功半，只能多忧多劳，叫作天下嚣嚣矣，你只能自找碰壁，只能吃力不讨好，从自找苦吃到自取灭亡。不用往远里说，就是新中国建立以来的实践中，这样的例证可谓多矣多矣，这是很值得吸取受用的教训啊。要记住，宁可政事简陋、简便、简易行事，也不要天下嚣嚣、众生滔滔呀。

故意仁义其非人情乎！自三代以下者，天下何其嚣嚣也？（骈拇）

这样看来，是不是仁义本身就并非人之常情呢？三代（不知是指唐、虞、夏还是夏、商、周）以来，天下是何等混乱闹腾啊。

有些问题对外言传，只能讨嫌与丢份儿

不是所有的问题都宜于去提问、去研讨、去请教的，有些问题，只可意会，不可言传，有些说法，独自咀嚼享受足矣，饶是价白话（到处乱讲），只能讨嫌与丢份儿。

是黄帝之所听荧也，而丘也何足以知之！（齐物论）

这一类问题，黄帝听了也会摸不着头脑，孔子能知道个啥？

过分强调的结果是事与愿违

任何过分强调，必然暴露出来的，恰恰是自己的不足。过分强调，其结果是破坏了自然而然的真实与朴素，造成装腔作势、人为作态、沽名钓誉、徒走过场。一件好事，一本好书，一个好的思想，本来大家欢迎接受，乐于认同，但是不罢休，非得一层层强调、规定强制、造势加温、劳民伤财、百般重复，最后弄得人们一听就烦，一见就躲，这样的例子比比皆是。例如“文革”中的某些学习讲用就是如此。这样的问题，原来自打老庄时期那会儿，人们就已经发现到认识到了啊。

彼正而蒙己德，德则不冒。冒则物必失其性也。（缮性）

人们都走上了正道，接受了大德的教化熏陶，就用不着过度地强调德了。过度强调的结果是人们失去了自然而然的德性本性，变成了矫揉造作或者卖弄作秀。

用其求其所不能是自找别扭

万物各有其道，各有其理，各有其源，各有其终，各有其益，各有其损，各有其长，各有其短，各有其能，各有其不能。而人们常常做的蠢事便是逆其道、悖其理、毁其源、堵其终、损其益、益其损、截其长、续其短、用其求其所不能、废其灭其所能。人啊人，你们为什么这样别扭呢？

鸱目有所适，鹤胫有所节，解之也悲。.（徐无鬼）

这就像猫头鹰的眼睛，只在夜晚才看得显明，白天的景象它却无所知。而仙鹤的双腿虽然修长，也有自己的不便；截断了腿，它就会陷入悲惨的境地。

不要为后天的目标而扭曲自身

发达的社会带来了分工的细化，传送带、生产线就更加细细分割了劳动过程，在创造了前所未有的效率与成果的同时，造就了人的畸形。故而马克思提出了社会主义、共产主义将保证与致力于人的“全面发展”的主张。而早在庄周时期，庄子已经看出了分工化、专业化所带来的负面可能。庄子的认识没有达到提倡全面发展的程度，他要的只是正常、逍遥、天年、自然而然地生活，不要为了某个后天的目标而扭曲自身。而仁义的事情与此类事情同理，一辈子只知道仁义，和只知道韵律一样不正常、不全面。

属其性乎五色，虽通如离朱，非吾所谓明也。（骈拇）

把毕生的精神献给五色美术，虽然高明到离朱那个样子，我也不认为那是眼目本性的极致。

尊重万物自然，不必强求干预

万物有其特色，有其自然而然的路径，不必强求，不要干预过多，不要自作主张，这确实是教人聪明的学问，而不是包打天下的傻瓜吹牛。

性不可易，命不可变，时不可止，道不可壅。（天运）

万物各有其天性，不可更换；万物各有其命运，不可改变；万物发展各有其时间，不可阻止；万物变化都是根据大道的运转，不可板结堵塞。

牛皮与急躁都足以伤生

善恶报应，从因到果，都有一个过程或一段时间，不能急。知也无涯，所以不能狂妄，不能期待或自诩过高。牛皮与急躁都足以伤生。或谓是指做好事不要追求立马有收益，但难以解释成是做坏事也不必急着防报应。也许可以泛指遇到坏人做了坏事，也不能急着让他速得报应。“活着才能看得见”（南斯拉夫影片《瓦尔特保卫萨拉热窝》中的名言），即使是为了励善惩恶，接受天意，享受正义，也要养生，要有一定的时间，去考验善恶，明白天网大道，天日昭昭，死而无憾。另一方面，只有不急，才能利生养生而不是焦虑自戕。

庄子的许多话有利于心理平衡与治疗。

缘督以为经，可以保身，可以全生，可以养亲，可以尽年。（养生主）

与其等待自身的天佑或恶人的天谴，不如遵循自然的规律养生，可以保全身体，可以使生命全面运转，可以赡养亲属（有的则解释为养其真神，亲是元神之意），可以尽其天年，不夭折于非命。

管得太宽、操心过度不免自寻烦恼

人的烦恼有相当一部分是由于管得太宽，操心过度。庄子发完牢骚再自我安慰，美就美，丑就丑，糊涂就糊涂，明白就明白，明白人帮不了糊涂虫，糊涂虫也灭不了明白人，丑人变不成美女，更管不了孩子长成什么模样，也就不劳操心选美活动的进展。明白人打不开糊涂人的脑筋，也就不必关心人众的智力开发，如此而已，岂有他哉。

故莫若释之而不推。不推，谁其比忧！（天地）

算了吧。不要妄想去推行推广了，放弃了对于大道真理的推行，也就没有谁与你一道发愁了！

沉迷钩心斗角的人成不了大事

一个整天大呼小叫、吹胡子瞪眼、叫苦告急咋咋呼呼的人，一个整天动心眼使计策钩心斗角个死去活来的人，成不了大事，治不了天下，不但治不了天下，治一个科室、一个乡镇、一个行业也是弄不好的。

明王之治，功盖天下而似不自己，化贷万物而民弗恃。（应帝王）

明王明君之治，功劳政绩遍及天下而似乎不是自己做的，广泛施恩救助万物万民而不自居。

俗人重视的是形名与赏罚

关心政事、政治，谈论政事、政治，有兴趣于政事、政治的人多矣，多数都在那儿舍本逐末，舍根求一叶一枝，舍源头求水波水花。只有真正的通人，才能从理论思想到生活实践，从咨言到咨政，从领导到被领导，从顺到逆，从学问到经验，弄通这一切。俗人重视的是形名与赏罚，这话里包含着对于法家的批判，更是对于庸人政治、鄙俗政治、名嘴政治、浅薄廉价政治的嘲笑。警惕政治的鄙俗化、庸人化、浅薄化、廉价化、名嘴化，越是在相对太平一点自由一点的社会，越是必要的，却也是难以做到的。呜呼哀哉！

倒道而言，迕道而说者，人之所治也，安能治人！（天道）

颠倒了大道被接受、掌握、运用的次序，违背了大道的先后，而首先追求形名、赏罚，这是被统治的小人物、庸人们的特色，他们哪里懂得如何治国平天下呢？

不可逆天而动强天所难

我们所说的主体与客体、精神与物质、文化与自然，其实说到底仍然是大自然的产物、“天”的产物。问题在于，有时候人摆不正自己的位置，自命不凡，自作主张，逆天而动，强天所难，如去寻觅不死之药，如为了贪欲而毁坏环境，如为了快感而吸毒……那就是自取灭亡，自找失败。而当你的天性与客体的天性相匹配、相一致、相结合的时候，情况就是最好的了。劳动、创造也是如此，只有当你的创造性、你的工艺与客体、对象的纹理、质地、性能、条件相一致，你才能做出最好的活计。反之，过分的人为雕琢，小手小脚地弄出点玩意儿是可能的，终不成大器。

不然则已，则以天合天，器之所以疑神者，其是与！（达生）

做不到这一步，我就罢手。这就是用我木工的天生的气质、品性去把捉木料的天生的气质、品性，使两者的天然气质相匹配、相和合。我做的器物被你们称赞为神奇，可能也就是出于这样一个过程吧！

尊重客观规律才能有所作为

万物都处于消长、生息、存亡、成败、起落、变化、取代、显隐或显幽的过程中，无一例外，就如同日之东升与西落一样。一切运转运作，都只能本诸天然，顺从自然规律，而不能由自身规划，要这不要那，挑肥拣瘦。不懂这一点，就是心死，就是死心眼，就是迟钝、麻木、糊涂、犯浑犯傻。一切的作为，一切的追求离不开这样一个日夜无隙地变化着的规律。

夫哀莫大于心死，而人死亦次之。（田子方）

世上最可悲的事情没有超得过心死的，与心死相比，身死只能算第二位的不幸。

固步自封只会自找倒霉自寻烦恼

抱着过时的东西、失效的东西，自寻烦恼，自做噩梦，如果是文人，多愁善感地作挽歌悼词，赚几滴酸苦的泪水则或不妨，如果是做实际事务的人，则只能是自找倒霉，甚至贻笑大方。

今而夫子，亦取先王已陈刍狗，聚弟子游居寝卧其下。（天运）

如今的孔夫子，他就是把先前的王朝早已用过的茅草猪狗陈列起来，聚集起你们这些学生，生活歇息在这些过时的东西旁边。

要善于分割解析对立面

要战胜敌手，就要将敌手视为可以分割、可以解析、可以从无间中拣出觅出无数的、有余的间隙的工作面、工作对象。本身是完整的，是全神贯注的，是以神遇、如有神助的，而对手只是具体的几个块块、几个疙瘩、几个局部、几个即将土崩瓦解的松散结构。这种说法妙极了。

始臣之解牛之时，所见无非全牛者。三年之后，未尝见全牛也。（养生主）

想当初，我宰牛的时候，看到的都是整个的牛，干了三年，再也看不到整牛啦。

符合实际的才能是有效的

不管多么好的东西，适合你的国情、乡情、民情，就可能是有效的，而如果不符合你的国情、乡情、民情，则必定是无效的。无效了，即不能通过实践的检验，你再说下大天来也没有用，只能闹笑话了。

彼未知夫无方之传，应物而不穷者也。（天运）

他怎么硬是不明白，理念法度随着外物流传变异，无尽无休，并无准谱的道理啊？

第八章

『无』与『有』：庄子的辩证法

无用是有用的支撑

无用其实是有用的支撑。同样，你掌握了的、可以运用的知识其实十分有限，但是依靠更大的对于无知领域的估量与感觉，你才不会在世界上感到一无所知、一无所能。就是说，有了无知的领域，才能把握与运用已知的领域为人类为自身做事。无知，是有知、用知和求知的支撑。

人之于知也少，虽少，恃其所不知而后知天之所谓也。（徐无鬼）

人对于各种事物的了解本来很少，虽然很少，却要仰仗着对于所不知道的一切的大概把握而后才能够去探求天道的意向与表达。

有用和无用不是完全对立的

有用和无用是互相配合才发挥作用的。一条道路，必须有更宽的容量，才有性能可以行车、超车、会车、停车。一个学者的学问，大量是备用的，少量、极少量是立马使用的。一所建筑，容身所需甚微，活动所需甚广。一个富翁，已使用与正待使用消费的是其财产的一个极小部分，而他的资本、资源、财富，大量或极大量只是备用、可用、待用、暂不投入消费的。一种思想，使用或不使用只是其性能的一部分，是一小部分，能谈论，能研讨，能发挥，能练习逻辑，能做思维体操，能游戏……从广义上说都是有用的表现，在观念推导的问题上，在见解发表的事情上，切不可小手小脚，抠抠搜搜，将思维限制在庸人的范围之内。

知无用而始可与言用矣。（外物）

你通晓了无用，才有资格跟别人讨论有用。

天意不欲材，天意不求材

天意不欲材，天意不求材，这是一个很好的安慰。树大难为用，这个道理应该能品出点味儿来。

此果不材之木也，以至于此其大也。嗟乎神人，以此不材！（人间世）

不成材料呀，却长成了这样大的一棵树，哎哟我的老天爷，我的神仙呀，为啥这棵伟大的树却又将它弄成这般的无用！

材大难用，材大难容

树大难为用，材大难用，材大难容，这样的故事在中国历史上岂是罕见？匠人不顾（盼）即不多看一眼，这样的大树姥姥不疼舅舅不爱，却又老大的块头儿，怎不令人扼腕！多少庸人宵小，冠盖京华，斯树憔悴，一棵过大而又突破了现有规格的树则只能被抛弃被蔑视被嘲笑，悲乎中华！

其大本拥肿而不中绳墨，其小枝卷曲而不中规矩，立之途，匠者不顾。（逍遥游）

它的主干臃肿不成材料，甚至难以量度掌握，其小杈杈，卷曲不成形，不符合任何使用要求，白白地挺立在大路上，没有哪个师傅会看中它。

真正的无是无无的

无不为中的不为，可能尚包括对于为的刻意躲避、拒绝、推托、恐惧的意思。正像佛家讲无，一直讲到无无上去，即那个无也无须死死把持，无须刻意无之。你既然什么都无了，也就不必老在那儿作无状、练无功、说无语、闹无字真经了。天天喊忠的“文革”时期，绝对少有真的忠。天天喊民主的地方，绝对缺失民主。天天闹腾健康的人，绝对不够健康。真正的无是无无的。

道不可闻，闻而非也；道不可见，见而非也。（知北游）

道不可能听到，听到的就不是道；道不可能看见，看见的就不是道。

你的根本是无怒无为无喜无悲

作为一个活人，你总会有怒有为有喜有悲，但你的根本是无怒无为无喜无悲，是吗也没有的虚静状态，偶有所怒，怒罢仍然是不怒；偶有所为，点到为止，为完了立马歇手。这不像老子所讲的无为、为无为、事无事、味无味。也不像庄子有时所讲的槁木死灰那样彻底、富有玄学与审美趣味，但比较容易接受与操作，它与有为论、有情论进行了某些调和与妥协。

《庄子》中多次讲“不得已”，看来这个不得已，不完全是当“被迫”来解释，它包含并强调的是勿为已甚的意思，是知止的意思，是适可而止、见好就收的意思。

出怒不怒，则怒出于不怒矣；出为无为，则为出于无为矣。（庚桑楚）

能够化解掉怒气的原因是从根本上说这里没有怒火，那么即使有点怒气也是出于不想怒、不准备怒；有所作为但不是处心积虑地要有作为，那么有为也就出于无为。

无为的乌托邦主义

老庄这样综合全面地主张无为，既不在宗教事业或社会事业上有为，也不在私利欲望或专门领域上有为，这样的主张比较少见。但这样的综合无为的另一面仍然是有为，例如老庄都讲摄生或者养生，都讲理想的治国与治理天下，都讲功成事遂与百姓的安居乐业。庄子要为的就更多，逍遥，齐物，成就一个至人、真人、圣人、仙人，吸风饮露，乘云气，御飞龙，而游乎四海之外……都是另类的直至幻想的为。

老庄的无为论极别致、极有趣，我愿称之为无为乌托邦主义。其实，不论是谁，此生有限，总要有所为、有所不为、有所无为。即使他或她少年自杀了，其自杀仍然是一种带有强烈刺激后效的巨为。

无为则俞俞。俞俞者，忧患不能处，年寿长矣。（天道）

不刻意地妄为了，也就轻松愉快了。轻松愉快了，也就不会为忧虑祸患而自苦，也就能长命百岁啦。

天地有大美而不言

每个人，至少是很多人，往往是说的比做成的多，说的比唱的好听，更不要说比做到的好听了。而天地的形象、天地的境界、天地的功能——大德，却给人们提供了真正恢宏、谦逊、自信、博大而且沉潜的榜样。如果你做的事符合自然规律、客观规律，就别没完没了地掰扯了，你要干的事能有四季变化那么广泛深入与巨大反差吗？四时交替，并不需要事先辩论，不需要正反两方唇枪舌剑，该变的不就变了吗？该取代的不就取代了吗？为什么人类把自己的生活搞得这样复杂乃至于惨烈！

语言与文字的使用是人作为万物之灵的标志，它们是文化的载体，是历史的保存，是人类活动的花朵也是果实，但也是人类的灾难：多少时间、多少生命、多少财富、多少智慧都浪费在空谈、假话、夸张、作秀、恐吓、诱惑、语言暴力、语言误导、语言骗局当中！

天地有大美而不言。（知北游）

天地具有全面、足够、宏大的美德与美丽，却从来没有什么自我表述。

有所为，有所不为

你做得越琐碎细致、力求周全，就越是挂一漏万、捉襟见肘。这样的例子数不胜数。真正的管理者、大人物、大师，必然是有所为有所不为，有抓有放，有细有粗。越细越没完，越精越遗漏，老子、庄子早就看出这个道理来了，可惜一些自我感觉过于良好的人，一些以民之父母自居而不是以人民的儿子自况的人，弄不明白。

吾敬鬼尊贤，亲而行之，无须臾离居。然不免于患，吾是以忧。（山木）

我敬仰鬼神，崇拜先人，尊重贤能，躬身力行，不敢有一刻背离。可是仍然不能免除祸患，我就是因为这个缘故而发愁。

请把握根本性的无为

为君为臣为圣，是焦虑、急躁、奔忙、火烧火燎好呢，还是稍稍清凉一点好呢？权愈大，事愈多，影响与使命愈高，能做到平稳理性、从容冷静就愈珍贵。

把握了根本性的无为，就可以做到与天和与人和，就可以做到天也乐来人也乐，山也乐来水也乐。类似句子曾经在“大跃进”民歌《红旗歌谣》中出现过，看得出《庄子》的修辞方式一直影响到一九五八年。更重要的是，此种论说逻辑表现了中国式的抓牛鼻子式的思想方法，即认定抓住关键就能一通百通，迎刃而解，万事大吉；这种格式用之自我安慰有余，用之解决问题则科学性、逻辑性不足。

与人和者，谓之人乐；与天和者，谓之天乐。（天道）

与人相和合，就是人间的和乐、与人和乐；与天相和合，就是天然的和乐、与天和乐。

认清无与有的问题的好处

思考一下无与有的问题对于人有什么好处吗？第一，无中可以生有，有可以变无，这样的生生不息，同时是逝者如斯夫，不舍昼夜。不要僵化，不要凝固，不要对于类似有与无间的转化大惊小怪、心慌意乱。第二，许多情况下，变易是无形的，你不可刻舟求剑、胶柱鼓瑟。你不可只知拒变防变，不知通变应变。第三，如果你心仪于圣人，如果你是准圣人，应该把握有与无的火候，可以天光自见，也可以和光同尘；可以藏于深渊，也可以怒而飞，展翅南冥；可以槁木死灰、呆若木鸡，也可以知鱼论世、解牛冲浪。

出无本，入无窍。（庚桑楚）

一种事物、一个生命的出现并没有起源与根据，它消失即进入无穷，也不需要孔道与路径。

无为而无不为

无为并不是当真地一动不动，而是听其自然、任其自然、不加刻意、自由自在地运动变化。

而仁义道德的说教是多么勉强，修齐治平的宣示是多么膨胀，孝悌忠信的人伦是多么外加，升官发财的美梦是多么恶心，名誉地位的计较是多么委琐！无为而无不为，这才是本真，这才是至乐，这才是解放，这才是逍遥！做到无为而无不为的人有福了，做到无为而无不为的人成功了，做到无为而无不为的人才是至人、真人，才是活神仙啊。

“天地无为也而无不为也。”人也孰能得无为哉！（至乐）

“天地无为同时是无不为，该为的它们都为了，该有的它们都有了。”人类呢，谁又能做得到同样的无为而无不为呢！

无为才能无往而不超越

庄子立论，横扫千军，高屋建瓴，不在话下：一切的有为，一切的富有与得意，最好也不过是河流奔跑，用英国小说家、散文家高尔斯华绥的话来说就是“小河最喧闹”罢了。而老子、庄子，立足于无，无为，无心，无言，无咎，于是无往而不超越，无往而不胜，这才是汪洋大海呢！

伯夷辞之以为名，仲尼语之以为博，此其自多也，不似尔向之自多于水乎？（秋水）

伯夷辞官不受是为了名节，仲尼讨论修齐治平是为了博学，以充当师表，他们都自以为很伟大很富有，其实不过是像你一样自以为水量浩瀚，妄自尊大罢了。

无为无心，也就没有得失悲欢

无为，无什么事一定要做；无心，无什么东西要师法或者要拒绝。那么也就没有对于开始与结束的思忖，没有此前彼后的计较，没有什么沧桑感、飘移感、不定感，没有衰老之哀，没有逝者如斯夫之叹，没有光阴无情之悲，没有念天地之悠悠，独泪下之怆然；也没有此远彼近之困惑，没有归你归我的盘算，没有你先我后的地位差异。

到了这一步，变就是不变；永远的变化，说明在变化这一点上是不变的。看不到变化，不能与时俱化，是傻子；看不到不变，永远处于变动不羁、追赶不及、顾此失彼、生生灭灭之中，是疯子。能变则活，能不变则从容平稳。

与物无终无始，无几无时。（则阳）

（他并不计划做什么事）所以跟外物打交道也就没有终始先后的区分（也用不着有个什么时间表）。

辞让也是一种清静无为的政治哲学

庄子提倡的辞让哲学，不仅仅是为了清高，更不仅仅是为了谦逊的品德，还不仅仅是为了避免风险，更重要的是庄子要主张一种清静无为的政治哲学，也许可以称为是中国古代的准无政府主义。它提倡一种各顾各、个顾个的政治理念，你根本不需要去眼观六路、耳听八方，谁也用不着操心那么多国事天下事他人之事，谁也不要一心去当天下之警察。也就是，不要当天下的圣人，天下的圣人其实就是天下的警察。谁也不要有什么政治抱负，每个人逍遥自在简易随便地生活，天下自然太平。

你当然可以认为这种主张太片面偏执，但你不能不佩服它讲的自有其道理。

其于人也，忠信尽治而无求焉。（让王）

对天下人，他恪忠恪信，但并不对民人要求什么。

强行有为只能自取其败

硬要将你的仁义规矩的一套讲述给暴烈的君王，只能自取其败，自取其辱而已。这一盆冷水，泼下来，够中国历代人文知识分子们喝一壶的了。

而强以仁义绳墨之言术暴人之前者，是以人恶有其美也，命之曰菑（灾）人。（人间世）

你跑到那儿去硬要宣讲仁义道德，显示一番，只能招人讨厌，被认为是妖言惑众，扰乱人心，你成了带来灾害的不祥之人，成了祸根。

说话的作用不仅仅在于有用

说话的作用不仅仅在于有用。正如刘震云的小说中所讲，从有用的观点来看，一个人一天所说的话中百分之九十都是废话。但说话还可以有有用以外的目的，如示好或示恶，如说我爱你或者我讨厌你，有用还是没有用呢？如抒情与发泄。还有说话能够舒解压力，改变心绪，如炫耀表演，目的在于被夸赞；如讽刺幽默，聊为一笑，解构那些装腔作势；如安慰温馨，心理治疗；如插科打诨，解闷罢了……说话说不定还有利于增加肺活量。

今子之言，大而无用，众所同去也。（逍遥游）

说是庄子的言论就像那株大臭椿，不中规矩，不中绳墨，臃肿、卷曲，都是没有用场的话，这是人们的共识。

过分在意声名就难免强行有为

四季是不同的，由于一切听其自然，四季组成了有序的年岁。官吏来自五湖四海，为了一些共同目的，整合到一起去了。人才各具特色，贤君能够将他们团结在一起，统率到一起。万物成分不同，各有其理，各有其路，不要介入万物的自行变化，也不必辛辛苦苦地为他们树立不同的名分，使人与人、物与物区分开来乃至对立起来。这一点似乎是专门与孔夫子的正名唱反调。

还有，人之有为，与其有名有关，一个人有了天子之名，圣贤之名，明主之名，功臣之名，救世、使命、英雄、豪杰等等之名，当然要大大地有为起来、折腾起来、争斗起来。而如果没有这些大名，就可以无为而无不为了。

四时殊气，天不赐，故岁成。（则阳）

四季的气象各不一样，大自然并没有什么干预，这样，一年的时序才得以成就。

上层更不可强行有为

一是越往上责任就越多，日理万机的领导者往往正是挂一漏万、捉襟见肘的老板。

二是为的多，毛病缺点也就多，陷于被动的可能也就多。

第三，上边的关键在于选择与决策，在于判断与调整，在于分派与裁判，在于叫停与叫起（动），更需要的是清醒，是虚静，是沉稳，是保持一点超脱，你不要事必躬亲不分大小事地奉陪下属到底。

第四，越是上边，越要为自己留有余地，留有空间……

上必无为而用天下，下必有为为天下用，此不易之道也。（天道）

上边一定要无为才能掌管受用天下，下边则必须有为才能被天下所掌控使用，这是不可更易的道理。

不要强不知以为知

许多人之倒霉，之吃瘪，之愚蠢，之害人害己，不是由于他的无知、无言、无谓，而是他一瓶子不满半瓶子晃荡，是由于他的强不知以为知，自以为知，自以为是，他的有害的知识、言语、行为与计较太多。为什么傻人更有傻人福？为什么三缄其口常常成为度过困境的最佳法门？为什么人们将藏拙视为美德，而将张扬视为幼稚？能不慎乎？

但同时有一个问题，人不是承认自己无知与无为、无谓就至此结束了，就万事大吉了。人的特点，人生的意义之一在于，既老老实实地承认无知，又渴望有所知，渴望有所探索、有所发明、有所前进、有所积累。

彼其真是也，以其不知也。（知北游）

真正了解大道的，他对于大道是什么也不知道的。

不要刻意作为，也不必刻意不作为

无为，是说你不要主观主义地刻意作为；无不为，则是说你不必刻意吃力地不作为。

无之伟大在于，你彻底地钻研体悟起无来了，你就要无不为，无逃避，无做作，无不在（无所不在），无不有（无所不有），无不胜，无无，无无无，以至于无穷、无限、无涯、无际了。也就是说，你将拥有最大的无之有、无之王国、无之天堂了。

任何的无，都是另一个方面的有，无为的另一方面是无挂碍、无对手，是有自然、有大道、有万物的和谐。没有无，哪儿来的有？没有有，哪儿来的无？生命亦是如此，没有死，哪儿有生的定义、生的珍惜、生的记忆与生的留恋？没有生的短暂，哪儿来的死的永恒与不尽滋味？

知形形之不形乎！道不当名。（知北游）

要知道化生了一切形体的道，本身却是无形的啊！这样的道也就不可以命名。

正确看待生与死的关系

生与死、人与鬼、此岸与彼岸是否存在对应关系？如果说有，那么人死应为鬼，鬼化应为人，这似乎不那么靠得住。如果没有，人死了就没有了，这又太单向了，成单行线了，与万事万物之理、与大道似不吻合……这可是大妙特妙的课题啦！这里出现了一个不平衡。万物都有其不灭性，物质不灭，能量不灭，生命个体却似乎是不停地结结实实地灭着。

这样一个不解，这样一个不甚平衡，这样一个悲哀而又玄妙的惦念，正是人生的滋味之一种。为什么我们整天讨论是非，讨论成败，讨论名利，讨论欲望，讨论价值……却硬是不敢不会讨论生与死、人与鬼、短暂与永恒?

无以相应也，若之何其有鬼邪？（寓言）

生命的存在，未必是有什么对应物的，或者至今还没有发现什么对应，你又怎么能说世上是有鬼神的呢？

对生命的追求与努力不可避免

物质保证有了，不等于就能活得健康顺畅，富家子照样可能夭折。身体零件全乎了，也不等于就具备生命的质量，黑发童颜、五官四肢健全无损者也可能一命呜呼。生命的要求超过了对于物质保证与身体完整的要求，但是不能否定人们为了物质保证与身体康健所做的努力，包括练气功与喝药酒，虽然并不认为它们已经足够，虽然人们的这些努力很可能是无以为，是无奈何。实际上，许多养生的作为既不是有充分根据的，也不是足够的。这些话已经是深通生与命的情理了，同时又不无遗憾乃至悲哀。

虽不足为而不可不为者，其为不免矣。（达生）

即使你分不清也理不清到底要做什么，是否非得去做什么，或做了够好还是不够好，是不是一定值得去做，你还是不免要做一些对于身体、生命可能有用的事，做这种事是不可避免的啦。

有缺憾方才是真实人生

人孰无缺陷，人孰无遗憾，人孰能完美无缺？有的人事业很有成就，但家庭生活不幸；有的人金钱无虞，但悟性欠佳，属于糊里糊涂之属；有的人少年得志，后续却连连碰壁；有的人有德无才；有的人有才无运；有的人有运无才，终于只能落下笑柄。有缺憾方才是真实人生的表现。做假花的人，为了乱真，必须做几个将凋的、被虫蛀了的、被霜打了的花与叶，才有生气，而如果一枝枝全部花朵怒放，反而笃定是假花。

不要怕失去什么，而要问如何能做到“死生亦大矣，而不得与之变；虽天地覆坠，亦将不与之遗；审乎无假而不与物迁，命物之化而守其宗也”，干脆要做一个具备金刚不坏之身之心之人。这可就说得太宏大太伟大了。

物视其所一而不见其所丧，视丧其足犹遗土也。（德充符）

他看到的是本质的同一，而不是谁缺什么、谁多什么，那么少一只脚又如何呢？不过就是少了一块泥巴罢了。

保持平常心，不可抱实用主义

你要注意体察天意，但对天意的了解不可抱实用主义的态度，不可以天意的名义去办自己想办的事。这样，既不误以为天意助己，忘乎所以，也不至于以为自己可以助天，为自己提出不可能实现的任务。你要自然而然地成就德性，不是作状，不背包袱。要懂得万物发展变化的规律，但不可以之谋私。有爱心但同样不卖弄，不以之做本钱捞取回报，等等。不再痛骂仁义礼法，而是以平常心、以自然的态度做一点能够做的。这也是一种不尽相同的说法与做法。

故圣人观于天而不助，成于德而不累。（在宥）

所以圣人注意体察天意天理，但是并不以为自己可以助天行事，可以掺和天的所为（或者可以释为并不希图天助自身）；圣人成就德行，但不为所累。

承认自己的有所不知

你已经知道的知识经验，只是整个世界的知识的极小部分，与此同时，你不知道的事情，有一个或者没有一个自己的估摸。在很多事情上，人们都是依靠自己的不知，而得到某种知的方向，甚至还得到了行的方向。这种知的与行的方向的前提，正是承认自己的有所不知，所以不搞妄自尊大，不搞妄自菲薄，不搞迷信妄想，不搞悲观颓废，不搞邪魔歪道，不搞自我作古，不搞巫婆神汉，不搞魑魅魍魉，也不搞欺神灭道……

人皆尊其知之所知，而莫知恃其知之所不知而后知，可不谓大疑乎！（则阳）

人都珍重自己的才智所已经了解的知识，却不懂只有仗恃自己的才智所不知道的知识，才能更多地知道一些知识，这能不算是最大的困惑吗？

清高的人不会只顾证明自己

鄙俗者需要不断地证明自己的成功胜利，需要不断地自我炒作造势穷诈唬，而清高者只需低头专心做事，专心弹琴唱歌也比去逞口舌之巧去羞辱或驳倒鄙俗者好。

仁义之慝，舆马之饰，宪不忍为也。（让王）

标榜着仁义却去做坏事，用车马的讲究来打扮贴金，这些事，我无论如何是没有脸去做的呀！

强调抽象的仁义渊深而不是有效和有利

强调抽象的仁义，强调更抽象的渊深，把思想与价值道德化、哲学化、纯粹化与玄学化，这是中华文明的一个特点。它不强调真实，不强调命题符合逻辑和计算以及实验结果，不强调有效和有利，它反过来强调的是渊深、玄妙、神奇、伟大以至趣味。它更适合清谈、益智、心胸、视野、境界、修辞、为文、风度、风格化，而不适合实用、生产、经济［古代的经济一词饱含着政治，经济者，经国（管理国家）济世（服务社会）、经天纬地之谓也］。

鲵桓之审为渊，止水之审为渊，流水之审为渊。（应帝王）

大鱼盘桓流动的深水回旋处就是深渊。水停止不流的深水回旋处就是深渊。水奔流不止的深水盘旋处也叫作深渊。

做事不可大而无当

专喜欢办大事，专喜欢改常理，老想着惊天动地改写历史，这样的大而无当，令人觉得似曾相识。

好经大事，变更易常，以挂功名，谓之叨。（渔父）

专喜欢办大事，随意变更常规常态，用以沽名钓誉，称作放肆。

言行脱节会失掉人的本真

老庄的说法，不怎么待见太多的言与名，甚至孔子也主张删节言语。就是说，他们认为搞得言说太多，名堂太多，概念标准太多，只能使人头脑复杂，表面文章增加，作秀频频，虚与委蛇，言行脱节，失掉了人的本真。

另外，人毕竟不是天不是地不是树也不是山河日月。天、地、树、山、河、日、月可能当真不需要言，而人需要语言，需要说法，需要交流，需要提升与充实自己的精神与物质生活。

真在内者，神动于外，是所以贵真也。（渔父）

精诚的真性发于内心，神情的变化才能流露于外表，所以人们看重的是真实真心真情。

有所不为有所放弃很重要

即使仅仅从集中注意力的角度也可以看出有所不为有所放弃的重要性。你集中注意力于学问，就不可过于分心于流俗利害、小得小失；你集中于创造，就不可过于分心于他人的一时反应、接受还是不接受；你集中于事业，就不可过于分心于个人利益的最大化；你集中于 A，就不可分散精力于 B。

但事物也有另一面，有些是相辅相成的。爱因斯坦是物理学家，同时他热爱演奏小提琴。一辈子制作带钩，似乎难以达到出神入化之境，除非他有另外的理念、学问与高端的修习。

是用之者，假不用者也，以长得其用，而况乎无不用者乎！（知北游）

我用心于此，是把本来可能用于他物他事的精力全用在锤制带钩上了，因而使我的心思、精力得到更好的发挥和运用，何况是无所不用心呢？

万事万物不需要主观地跟着闹哄

大千事物，来了去了，来的时候无须欢迎，不管你欢迎不欢迎，该来的都要来；去的时候无须送行，不管你送行不送行，该走的都要走。这就是说，对待万物的消长变化，要采取随它去的态度，要承认这是不以人的意志为转移的。这里似乎与唯物论有相通处，也就不需要主观地跟着闹哄。

无有所将，无有所迎。（知北游）

对于一切事物、人员，不必有所送行，也不必有所迎接。

人切切不可以自我为中心定义外物

人切切不可自以为了不起，以人为中心说这个有用，那个没有用；这个有益，那个有害。如果改换一下评说主体，人会怎么样被定性被定论呢？天知道！例如二〇〇九年在全球肆虐的甲型 H1N1 流感，一开始被称作“猪流感”，但迄今，世界上只有人将病传染给猪的病例，却少有或没有猪将流感传给人的病例，猪如有言有权有卫生组织必会将此流感命名为人流感，并制定防范直至扑杀人类的措施……呜呼，夫复何言？

而几死之散人，又恶知散木！（人间世）

像你那样的无用之人，又哪里有资格去思考我这样的无用之木？

你无权去改变别人的生活方向

天道、自然而然之道，这是万物或成或不成的根源，而个人的意图行为德行的作用是很有限的。至人做你的至人，百姓做他的百姓，这个观点有点自由主义的味道。谁比谁高，高是自己的事情；谁比谁蠢，蠢也是蠢人的权利。自以为是高人的人，是至人、圣人、VIP（贵宾）的人，是理想主义、利他主义的人，并无权或必然性去改变去设计民众的生活方向。有此一说，早在庄周那里，值得一书。

吾闻至人尸居环堵之室，而百姓猖狂不知所如往。（庚桑楚）

据说道行修养到家的高人，从来都是安安静静、踏踏实实地居住在朴素的小屋子里，而老百姓随随便便、悠游自适地各行其是，根本不用操心该要做什么或勿要做什么。

不必独揽一切

你应该有责任感，但你同时也应该有分工观念、范围界限，不必统统揽到自己头上。没有人搭理了还在那儿不断进言，这是佞人的毛病，这话深刻、刺激。我国自古以来的所谓愚忠愚孝，不少有这样的佞的记录，他们常常被正面评价。还是老庄另类，劝人们不要太佞。

非其事而事之，谓之摠；莫之顾而进之，谓之佞。（渔父）

不是自己分内的事也弄过来去干，叫作包揽。没人理你你却偏要进言，叫作佞人。

在争与不争间努力超脱

人就是这样：不争，是面和心不和，是不同见解的压制；争，是门户之见、大同小异、装腔作势、哗众取宠、不负责任、浪费时间与资源，不是提高了而是降低了行政治理的水准——争的结果常常是大众见解的平均数取胜，而不是最先进最深刻的认知付诸实践。

夫或改调一弦，于五音无当也，鼓之，二十五弦皆动，未始异于声而音之君已。（徐无鬼）

如果你改变某一根弦的拨奏，使之五音不能和谐，奏响起来，二十五根弦都发出震颤，却发不出不同的声音，也无法引导出声音的调性来。

升华扩展你的格局才能有所获得

人事的关键在于笼络做局。你要有大的格局，你要有涵盖包容天下鸟雀的雄伟心胸，而不是妒贤嫉能、狭隘排他、山头宗派、见一个捉一个，更不是见一个灭一个。你要使天下成为你笼络人才的最佳环境，然后人们才会为你所用。

这里的关键在于是否与天合一、与道合一，有无天道的境界。如果你能理解一切包容一切，你的气魄与胸怀就完全升华了扩展了你的“无为而无不为”。

以天下为之笼，则雀无所逃。（庚桑楚）

如果你能够做到使整个天下成为适宜鸟雀居住生活的雀笼鸟园，那么就不是一只鸟雀，而是所有的鸟雀，没有哪一只能够逃逸。

完全一事不做是不可能的

完全一事不做是不可能的，问题是你的小我能不能扩为大我，你的人事能不能升为天道。就是说，你可以是神箭手，但你不是用箭去瞄准，不是用技术去征服，不是通过人为的殚精竭虑，而是通过天道的伟力，从根本上入手，从得道上使功夫，缔造最佳环境、最佳条件、最佳气氛、最阔平台、最伟大的天地，使天下人无脱于你的包容涵盖，这也是老子讲的“天网恢恢，疏而不失”。

是故非以其所好笼之而可得者，无有也。（庚桑楚）

所以说，不去投合天下人的所好，不以此来笼络人心，而可以得天下，是根本不可能的。

仁义的提倡也是人或有之常情

庄子其实已经发现：仁义的提倡也是人或有之常情，因为人之觉悟并非整齐划一，从一个模子里压出。提倡了半天仁义，却非人人都做得到，这更是人之常情；人人做到了，世界上只有大仁大义，没有不仁不义，只有善人好人，没有恶人坏人，生活中这点对比、冲突没有了，连写小说写话剧都找不到素材了。有人利用仁义之说作秀、作伪仍然是人之常情，这种常情不可能太多，因为整天作仁义秀也很辛苦，但不可能完全没有。有人反对仁义之说，而更提倡生命人性的自然酣畅之道，尤其是常情，认为符合了人之常情，自然万事如意，天下太平，规格统一，零件标准化，那就太小儿科了。

可惜的是，庄子其时尚无国际标准化组织，也未有学人做出这样的对于天道、对于自然、对于人间人性人道的多向度的理解与分析。

今世之仁人，蒿目而忧世之患；不仁之人，决性命之情而饕贵富。（骈拇）

如今的仁人志士呢，大眼瞪着小眼，迷迷瞪瞪，为世上的这些忧患而焦虑；而那些不讲仁义的人呢，为了富贵荣华连小命都不要了。

第九章

虚室生白与乐天知命

天地万物与我并存为一

天地万物与我，都有相同或相似的新生、成长、壮大、衰微直到死亡的过程，都体现着无所不在、无所不行、无所不用的大道。既然如此，何必叹息天地的恢宏与个人的渺小，叹息万物的永恒与自我的短暂呢？你生存的几十年是你存在的一种形式，你没有生存的与死后的长久，同样是你存在的一种形式。地球、太阳系、银河系的亿万斯年是它们的一种存在形式，它同样有自己的起始与结束。注意，不存在也是一种存在形式。就像传染病的零报告也是一项重要的流行病报告一样。不但你如此，天地万物莫不如此——天地万物都有自身的存在与不存在的存在。

天地与我并生，而万物与我为一。（齐物论）

天地和我并存，而万物和我合为一体。

把自己交给虚空

瞭望（思考）那巨大的空无（或自来的缺失）吧，谁的一生没有为这虚空而震动过，谁的一生没有为这缺失而痛苦过，谁的一生没有为这虚静而赞美过或者迷醉过呢？把自己交给这令人战栗、令人开阔，也令人崇拜的虚空吧，那么你的心境就会像一间虚以待人待物的房子一样明朗宽敞、光辉洁净，这样的空无才是最大的吉祥，才是吉祥的根本、吉祥的内涵，止于此矣。

瞻彼阕者，虚室生白，吉祥止止。（人间世）

观照那个空明的心境，空明的心境可以生出光明来。福善之事止于凝静之心。

无心无物，无形无迹

庄子的特殊的心功：糊涂，忘却，混沌，融合，轻外物而重内心，无忧无虑，无心无物，无形无迹，到哪儿说哪儿，随遇而安，舒舒服服，说句不好听的话，与吃了可卡因药丸一样满足。达到这一步，你拔刀架在他脖子上，他没有感觉；你送给他一张三亿六千万元的中奖彩票，他没有笑容；你封他高官，他听不懂；你制造举世唾骂他的局面，他也听不见。庄子的《庄子》，具有抗躁狂性、忧郁性感情与精神疾患的奇效。无怪乎拙作《庄子的享受》出版后，一位年轻的画家以之赠送给自己患病的师长，竟获得了很好的心理治疗效果。

致命尽情，天地乐而万事销亡，万物复情，此之谓混冥。（天地）

抵达生命的极致，穷尽人情的可能，与天地同乐，因而万事都自然消亡，万物也就自然回复到大道的本真情状，也就是混一模糊，也就是惚兮恍兮。

平衡、均匀、正常、自然

庄子重视平衡、均匀、正常、自然，警惕过分、过度、极端、刻意，达到了绝对化的程度。不论是正面的还是负面的，积极的还是消极的，都不能过，最好是什么都没有。他认为任何失常、任何过度、任何迁移即变味变质，都是灾难。用到人身上伤身，用到时序上伤时伤季伤寒暖。一个国家一个地区出坏人、盗贼固然可悲，出圣人、道德家也绝非吉兆。那么从个人来说，无喜无悲最好，无功无过最佳，无得无失正好。这个说法有一定效用，又有些空虚，令人赞之叹之。

人大喜邪，毗于阳；大怒邪，毗于阴。（在宥）

一个人若是乐大发了会伤害他或她的阳气，怒大发了会伤害他或她的阴气。

用无可无不可的态度对待人生万事

用一种平顺无心，即无可无不可的态度对待人生万事，包括对待生死，这是东方哲人的一个讲法，与西方强调胜利、成功、征服、竞争的说法有所区别。以大道为参照系，寿夭、是非、成败、顺逆、去留的区别似乎不足挂齿。如钱锺书的诗："弈棋转烛事多端，饮水差知等暖寒。如膜妄心应褪净，夜来无梦过邯郸。"（谓世事繁杂，棋局多变，饮水自知，暖寒岂有大异？抛掉不切实际的那种蒙蔽着自身、像一层薄膜一样的幻想吧，虽然车过邯郸，也不要做梦了吧。您老！）

正在到来的一切，不需要欢迎，也不需要抗拒。不管你欢迎或抗拒，该来的都要来，迎为多余，脱裤子放屁；拒为愚蠢，螳臂当车、以卵击石、自欺欺人。正在逝去的一切，你也不必挽留哭泣，留也留不住，哭也哭不赢，更不必动辄摆出守护、守卫、与之共存亡的虚张声势。

须臾之说也，奚足以为尧桀之是非！（知北游）

说起来，个体生命的存在只不过是须臾之间，又哪里搞得明白什么唐尧和夏桀的大是大非！

一忘了之，是大境界

人最宝贵的是生命，然而人对自身的生命与生命的遭遇、机缘（命运）知之不多，常感无可奈何。而且一切的一切，莫不是一个忘字的下场。不过，至忧无忧，至忘无忘，既然什么都忘了，能不把忘字忘记吗？

依照庄子所说，一忘了之，是大境界。

虽忘乎故吾，吾有不忘者存。（田子方）

虽然旧我随时逝去，并且渐渐被遗忘，毕竟我还有永远不会被忘记的东西存在在那里呀。

幸福安适的特色是遗忘

苦海无边，心放不下，放不开，成了疙瘩，背了包袱，变来变去，忘不了是非，即说明自己尚不安适、不舒适、不合适。安适了也就忘了，忘是幸福舒适的标志。呜呼，这是幸福的标志，却怎么也令人深长叹息。原来，幸福安适的特色是遗忘、是虚空、是虚无、是零、是消解、是释放，而悲哀、烦忧、焦虑才会那么沉甸甸，那么火辣辣，那么刻骨铭心，呜呼哀哉，尚飨！

始乎适而未尝不适者，忘适之适也。（达生）

从一起始就感到合适而从来没有过不快的感觉，也就做到了最大的安适：忘掉了安适的安适。

自然而然就是至乐

一切至乐，都可能成为至苦的根源。你因青春貌美而至乐，那么年华流逝，美貌不在的时候呢，你能不痛苦万分吗？或者同样的青春年华，有人比你更貌美，你受得了吗？你因财富的积敛而快乐，那么当财富耗散，渐渐露出下世的光景，或者当发现有人比你的财富膨胀得更多更快的时候，你不会苦恼吗？无乐才能至乐，无誉才能至誉，无了至苦了，同样也就无了至乐了，还活个吗意思呢？

倒也可以轻而易举地回答：活就活个自然而然，自然而然就是至乐。

至乐无乐，至誉无誉。（至乐）

最好的快乐是无乐（没有目标、期许与标准），而至高无上的名望是无誉（没有风光与闹闹哄哄地炒作）。

随遇而安，安时顺命

最好的养生是不养生，不必整天搞那么多生活小常识、健体小窍门、处世小奇术，还有各种花样翻新的养生大法。你能做到闲适吗？你能做到放心吗？你能做到随遇而安吗？你能做到安时顺命，一问三不知，再问起鼾声吗？如果是向这个方向发展，你就有点道行了。

作为人生指南来说，这样的说法当然貌似消极。作为抵御有害侵扰的最后一道防线来说，闲适之说还真能让你固守不败。你要找我的麻烦吗？对不起，我不晓得、不理解、不关心、不在意。你要造我的谣言吗？对不起，我随你便。你要贬低我吗？人各有志，人各有成，人各有自己的形象，归根结底，谁又能贬低得了谁呢？好的，任你褒贬。你的鼠肚鸡肠，你的小动作，你的处心积虑，根本不配我的过问。碰到了这样的闲适之人，许多坏人硬是没有办法。“他倒轻松了？！”这是一心害人的人在害不成人时的常见反应。我很熟悉这样的人的这样的反应，我也很同情他们的那种感受。

虽然，若是，劳者之务也，非佚者之所未尝过而问焉。（外物）

话虽如此，像这些仍是操劳的人所要做的，而真正闲逸的人却从来不会过问这些。

懂得满足是人生的大智慧

请想想看：你有机会到这世界上走了一遭，看了一遭，吃了玩了也受了闹了一遭，然后与世界万物一道休息了下来，安静了下来，寂寞了下来，这还有什么不满意的呢？

吾以天地为棺椁，以日月为连璧，星辰为珠玑，万物为赍送。（列御寇）

我是将天地看作棺椁，把日月看作一双玉璧，把星辰看作珠玑，而万物都可以算是我的陪葬。

全无成心，胜物而不伤

一个得道之人，虽不要求他一片白茫茫大地真干净，而是完全可以做到的，如一面大镜，要有全有，要无尽无。可有可无，全无成心。

如果你听着看着仍然不太明白，那就对了，立言在庄，妙悟在己，无始无终，胜物而不伤，承载一切外物的作用而不受伤害。做得到做不到，谁给你保险呢？

至人之用心若镜，不将不迎，应而不藏，故能胜物而不伤。（应帝王）

至人的用心有如镜子，任物的来去而不加迎送，如实反映而无所隐藏，所以能够胜物而不被物所损伤。

妙，是一种超脱世俗的境界

妙，应该是不可言说、无法分析与论述之好上加好，这种好与一种美感、快感、无往而不胜之感相通，已经脱离了红尘，脱离了低级趣味，脱离了长短得失的计较，脱离了胜负成败的思量，脱离了高低贵贱的区分，脱离了智愚贤不肖的吭哧吭哧，能逍遥游，能齐物，能养生达生，能得至乐，能做到火里不怕燃烧而水里不会下沉，能够“虚室生白，吉祥止止”，能与大宗师、大本全面结合，合而为一！

九年而大妙。（寓言）

九年后便达到了大妙的境界。

满招损，谦受益

恬淡无为的道理，在老庄的著作中是反复讲述的，而在其他人尤其是欧美学人当中，很少有这样的立论。同样，强调深藏，强调守黑，强调渊深，强调不解、不擢即不显不露，这也很独特。国人自古强调谦虚，除了人际关系的考虑，即满招损、谦受益以外，似乎也有战略、策略的考虑。反正，它不怎么注意透明度、公开化、民主化与大众化。老庄一方面反对人事的智谋化，一方面又不遗余力地提倡深藏，这里有他们的悖论。

故君子苟能无解其五藏，无擢其聪明。（在宥）

所以说，君子能够不释放自身的内需，能够不炫耀自己的聪明能干。

化掉你心里的冰疙瘩

至人自然善养生，但做到了善于养生不一定就是至人。善于养生只需化掉心里的冰疙瘩，即只需去掉邪祟、负担、贪欲、计谋、有为、膨胀、相争、矫情……无死地、庖丁解牛、听任自然、终其天年，至少是没有做自戕自毁的事，就对了。人生下来就是获得了生，不去戕生，就是摄生养生卫生。应该说，世上没有比养生更容易更自然更方便的事情。而至人，如《庄子》内篇一上来就讲的，是要“乘天地之正，而御六气之辩，以游无穷”，岂止是一个卫生云云。

儿子动不知所为，行不知所之，身若槁木之枝而心若死灰。（庚桑楚）

像婴儿那样——动，不知道是想要干些什么；静，不知道自己想要停留在什么地方。身体如枯槁的树木枝干，心地如死灭了的灰烬。

宁静平和，少安毋躁

要往现实中、民众中深深地扎根，要保存自己的根柢，要宁静平和，少安毋躁，要善于等待，还能怎么样呢？不然的话，只能是自取灭亡，不论这灭亡是采取什么形式。你可能贸然行事，自取杀身之祸。你可能急于求成，耐不住寂寞，昧着良心上错了车，乃至上了贼船。你可能忽然碰对了点儿大红大紫，忽然站错了队遗臭万年，今天座上客，明日阶下囚，如姚文元。你可能细胞恶化，一命呜呼。你可能想不开而自寻了短见……

这里也有弱者的武器的味道，能等善待，全无心火，处变不惊，徐图来日。同时也不要搞什么小行小识，既然大的时命时运时机都不对头，干脆认头，待着就是了。这样的根深与宁极，棒极了，也难极了呢。

不当时命而大穷乎天下，则深根宁极而待，此存身之道也。（缮性）

当时运悖谬，大道丧失殆尽之时呢，他们就宁静深沉，销声匿迹地安心等待，这才是保存惜护自身之道。

乱而后定，动而后静

乱而后定，动而后静，具体而后无穷，无穷而后微笑并抚摸着具体，比无穷之后视一切具体如无物更妥当也更合情合理，更可行也更从容。

这是世界的大道，也是人学道的历程，种种复杂的对象与道理，诸如天下、物我、生死、动静……有悟性的人却会从混乱中彻悟安宁，完成越来越大的体悟。

有了道性，活着就能宁静下来，这就是境界啦。

撄宁也者，撄而后成者也。（大宗师）

“撄宁”的意思，就是在万物生死成毁的纷纭烦乱中保持宁静的心境。

清静无为而不要轻举妄动贪得无厌

能够懂得天之所为（命运、吉凶、变异、生死与各种天象……），是天生的、自然而然的，这样的人，是天才，是天资、天命的接受者，是听天由命者。这看起来很难，但不要忘记天的根本、本质、特色是无为而无不为，你只需无知也就无不知了。天怎么为都是道，都是英明伟大的和不可避免、不可批评、不可抱怨的，你只需乐天知命，你只需顺天而行，你不可逆天乱为，齐啦。

因此要清静无为，不要轻举妄动，不要枉费心机，不要贪得无厌，要慈要俭，不为天下先，等等。做到这些了，加上庄子喜欢讲的槁木死灰，加上齐物，加上游刃有余，加上逍遥与无用之用，您就算知天、合天与天生了。

知天之所为者，天而生也。（大宗师）

知道天的运作，是遵循天道、倾听天道而产生的了悟。

认同自己，接纳自己

不要怕出身微贱，不要怕幼时遭难，不要怨天尤人，不要忧虑成病，不要计较太多，不要自惭形秽，踏踏实实该干什么干什么，能干什么干什么，也许不同的机遇正在向你走来。而如果你急于求成，你哭天抹泪，你牢骚满腹，你走向极端，也许你更加是自取灭亡。

有虞氏死生不入于心，故足以动人。（田子方）

虞舜从小碰到家庭的问题，后母等家人三番五次要害他，但他不把生死放在心上，所以能感动说服他人。

人应该享受现在

人们应该正视现实也正视历史，历史不能用美色涂抹。人还应该正视复杂化的不可避免。历史并不是直线往好了还要更好处变，也不可能是直线往坏了还要更坏处变。人应该活在当下，当下复杂也罢，不复杂也罢，都是你的事。

天下脊脊大乱，罪在撄人心。（在宥）

天下这样纷纷乱乱起来，毛病就出在搞乱了人心上。

顺天而行就会活得容易简单

人与天的关系就好比臣与君的关系，只能顺从，不能抗拒埋怨。这样一想，就好办一些，活得容易一些了。

执臣之道犹若是，而况乎所以待天乎？（山木）

这是做臣子的道理，那么做天的臣民的人众呢？应该用什么样的态度对待天呢？那还用说嘛，应该顺应天意呀。

防止自身被外物迷惑、干扰

克制欲望，减少有害信息，防止自身被外物迷惑、干扰、伤害，这是庄子不厌其“详”要宣扬的观点。在今天这个信息爆炸的时代，此言不无教益。

一曰五色乱目，使目不明；二曰五声乱耳，使耳不聪。（天地）

一是五色扰乱了你的眼睛，使视力不明；二是五声扰乱了你的耳朵，使听觉不聪。

重视成与不成的中间状态

你不能执着于成与不成，你不能太计较于成与不成，你要了解在成与不成之间还有许多空间，还有许多中间状态，可能是部分的成，同时还有部分的不成，可能是有意种花花不开，无心插柳柳成荫。不要以为办事只有成与不成两种模式，即零和模式。若成若不成才是最佳境界，不理论不介意成不成才是阴阳调理的最好结合点。

成与不成的考验，并不是谁都经得起的，你经历了胜败，你经历了成与不成，你经历了人道之患与阴阳之患的碾压，你还囫囫囵囵，全须全尾，平常正常，自得其乐，这是何等的坚强、何等的豁达、何等的老练、何等的不可战胜！你没有德，谁还算得上有德？

若成若不成而后无患者，唯有德者能之。（人间世）

无论是成功或者不成功而不会遭到祸患的，那只有盛德的人才能做到。

凡事应该看得开一些

庄子的说法是：是人就有死有生，其实万物万象都是有死有生。生的过程即是死的过程，死的过程又应该是生的过程。没有死，就没有这个人、这个物、这个象的结局与完成。死生紧紧相连，难分难舍。生则不自由，死则寥天一，则相造乎道，则茫茫逍遥，得大自在。何况你（我）连自己到底是怎么来的，怎么生的，你（我）到底怎么成了个你（我），生前与死后到底是怎样联结、怎样变化、怎样发展的都弄不清楚，也不可能弄清楚，你有什么可焦虑可悲痛的呢？你应该看得开，看得一（生与死乃是一枚硬币的两面），看得自然而然，一切听自然听天道的，你有什么可以闹腾的呢？你的出生是天道的事情，你成为你是天道的事情，你的病与不病，你的健康舒展还是佝偻畸变，也同样仅仅是天道的事情，你的死亡也只有天道能知能做。你自己就彻底踏实下来吧。

安排而去化，乃入于寥天一。（大宗师）

听任自然的安排而去世、而变化，这才是进入了寥远、寂寥、与天合一的境界即大道的境界了啊。

老实一点，知足一点

以有限的生命去追求无限的知识，这样一种痛苦与局限，是人所不免的。既知此苦，仍要求知，还要更加苦上加苦，这又是谁能避免的呢？

庄子为什么要迎头一棒，让你先老实一点、知足一点，饶了自己吧，别瞎使劲啦……

一者，可能这意味着庄子认为人的不知足、人的贪知多虑费心伤神，一句话是人的精神不得平衡安宁正是戕害自身的生命的根本原因。你想养生吗？先给我踏实下来、给我静谧下来吧。

再者，可能是对于养生本身就不必抱太大的期望值，养生乎？摄生乎？卫生乎？乐生乎？我们只能粗线条地讨论对待，追求太多、太细、太认真本身就不符合大道，就只能适得其反。

吾生也有涯，而知也无涯。以有涯随无涯，殆已；已而为知者，殆而已矣！（养生主）

我们的生命是有限的，而知识与智慧是无穷的，以有限的生命追逐无穷的知识与智慧，这不是荒唐吗？已经知道了这是荒唐的，却还要不依不饶地去求知求智，不就更荒唐了吗？

人是自取的，人又是不得已的

人们各不相同，同样的天命、天道、天理，到了你我他她这里，各有不同的呈现。天籁说的其实是天道，天道有常，天道恒一；地籁是地上的万物万象，万物万象各不相同，可以说这是“地道”（不是地道战的地道）；人籁就是人的命运、性格、遭际，就是人之道，当然更是各不相同，而且互相斗争得紧。但是我们不可怨天怨道，我们也不可自行包揽主体，以为各种声音完全出自自身，那其实都是天的吹奏。您最多是管乐器，天才是乐手与指挥。咸其自取，庄子的这四个字含义不凡。你倒霉？你冤枉？你命苦？你点儿背？咸其自取！你明白点了吗？你琢磨出点味道来了吗？

人是自取的，人又是不得已的。什么叫不得已？庄子多次讲到“不得已”三字，是说明人掌握不了自己的全部命运，决定不了自己的全部起止，一切源于天道，在听天道这一点上万物万象并无区别。听命于天道，取决于自身，你的那个洞穴就是与旁人不一样，虽然天道不怒、不努（过于发力）、不偏、不倚，你能发出和旁人一样的声籁来吗？你抱怨谁去？这样想想，人们能不能踏实一点呢？

夫天籁者，吹万不同，而使其自已也，咸其自取，怒者其谁邪！（齐物论）

风吹万孔，让它们自行发声。发声各不相同，这是孔洞自己造成的，并没有谁在那里努劲或者激动、激发、刻意地要出声。

不要参与争权勾当

可能是由于人生太短促了，可能是由于威权的吸引力太大了，可能是由于一般国人的日子太黯淡了，也可能是由于先秦时期群雄逐鹿的赌局太红火了，可能是由于我们的先秦政治生活缺少章法——法制，而太像热火朝天、千奇百怪的赌局了，还可能与我伟大中华民族自古就有嗜赌的风习有关，而赌的特点是百万分之一的成功率——中彩率足以吸引上千万人参与，那个年代的国人，所谓有出息的国人，硬是愿意去做那种成功的几率不足万一，失败的必然性大于一万的争权勾当。悲夫，人生如赌焉。

其存人之国也，无万分之一；而丧人之国也，一不成而万有余丧矣。（在宥）

他们图谋把一个侯国掌握到自己手里的可能性，到不了一万分之一，而亡国亡头的可能性超过一万倍。

千万不要做自我戕害的事

庄子强调避害才是天性，而且是首要的天性。人会做一些旁人做不到的清廉、辞让的事，不做害己害人的争权夺利的事，这不是为了某种规范或者理念，不是为了某个好听的名词，不是为了获奖获誉，不是为了取媚他人、社会或者某种势力集团，而只是为了不做自我戕害的事。相反，知道那些个好听的名词越少越好，为自己的名利打算的越少越好，追求什么东西越知足越好，别人的或势力集团的反应越不计较越好。

当然，这种争论也会有一些漏洞与烦琐。这样的讨论至今犹存，例如：一个人做了好事，他的动机是否纯正？是否有争取获奖之类的私心杂念？一个人申请加入什么组织，是忘我献身而要加入呢，还是为了提升自身而愿意入伙呢？一个人积极打拼，是为人民做贡献的成分多，还是为自己拔份儿的成分多呢？这样的争论是根本争不出水落石出来的，反而导致了更多的矫饰、更多的嫉妒与挑剔、更多的空谈误事。

此皆就其利，辞其害，而天下称贤焉。（盗跖）

这些人都能趋利避害，因而人们称誉他们是贤明的人。

忙来争去其实是一无所知一无所获

喜怒哀乐、焦躁愁苦、左右为难、进退失据，人为什么要活得这样累这样痛苦？这一切闹心的事情自何而出？如声响出自孔洞，菌类生于地气，虚虚飘飘，莫知就里，不请就来。鸡毛蒜皮乱哄哄，争来争去一场空。“弈棋转烛事多端，饮水差知等暖寒。如膜妄心应褪净，夜来无梦过邯郸。”（以上四句出于钱锺书一九五七年所作的诗，意谓万事不过如此，争来争去，白费劲，即使车过邯郸，也休要白日做梦啊。）从早到晚忙来争去，其实是一无所知一无所获。休矣休矣，你算是只能糊涂一辈子啦。

已乎，已乎！旦暮得此，其所由以生乎！（齐物论）

算了吧！算了吧！旦暮之间，岂能找出这些情态变化所产生的根由呢！

遇事要尽力大而化之

不能大而化之，只能小而病之。睡着了仍然精神交错，心思重叠，惦念混杂。一睁眼，千头万绪，心乱如麻。与外物一接触就发火斗气恶言恶语，不是你吃掉我，就是我吃掉你。时而犹豫不决，时而做局设套，时而诡秘阴暗。前怕狼后怕虎，不顺利怕挫折，顺利了怕上套，小事情怕丢脸，大赌博怕崩盘。攻伐旁人的时候易发难收，如射出去的弩箭。顽固死守的时候，紧紧顶住，不成功便成仁。

庄子的这些描写，出尽凡人俗物、钩心斗角的洋相。呜呼，已经几千年了，怎么庄子的描写就像是写今天？我这一辈子硬是见过这样的同人同事乃至小领导，对于这样的事儿妈、事儿哥、事儿佬、事儿小儿，你硬是拿他无法是好。

小恐惴惴，大恐缦缦。（齐物论）

小的恐惧垂头丧气，大的恐惧惊魂失魄。

有所放下才能真正获得

你会发现，把自己身上的那些最最珍贵有用，引以为骄傲，可以待价而沽，甚至是奇货可居，可以令自我身价百倍的东西去掉、忘掉、抛掉，至少是适当隐藏起来、韬晦起来、淡化起来，自己会活得更舒心，更单纯，更轻松，更自由，更逍遥。终其天年并不是全部目标，但是起码的前提，如果在大致正常的情势下，你老连个天年都维持不住，而是过早地命丧黄泉，你还到哪里去讲说研习道德、天地，去形而上下表演、秀骚（都是作秀之意，台湾将 show 译为“秀”，香港则译为“骚”）呢?

猖狂妄行，乃蹈乎大方；其生可乐，其死可葬。（山木）

他们自由放纵，行为任意，竟然能符合大道；他们生时颇觉快乐，死时自然妥善地安息下葬。

不要动辄互相攀比量度

不要动辄互相攀比，不要动辄互相模仿，也不要动辄互相死掐，世界上许多事是没有可比性、可量度性的。

夔怜蚿，蚿怜蛇，蛇怜风，风怜目，目怜心。（秋水）

只有一条腿的夔羡慕有百足的动物蚿，蚿又羡慕无足爬行的蛇，无足爬行的蛇羡慕移动自由的风，移动自由的风羡慕仅用视力即可捕捉把握运动的眼睛，用视力捕捉运动的眼睛又羡慕能够思考、感应与想象一切运动的心智。

你占有的越多，失去的也就越多

庄子讲你的生死、性命、子孙都是天地之气结合形成的，是天地委托、委派给你的，是天地暂时给你使用、借用、代理、经管、照顾的。这样说来，何必还那么私心盈满、计较不休、争夺惨烈？同时，委托期内的这个是我的那个是他的等等歧义，又哪里有那么严重，你占有的东西越多，天地收回去的也就越多。如果你确立一个一切的“我的”并非吾有的观念，你会不会变得大气一些、豁达一些、开阔一些呢？

当然一切问题也不是随着一念的转变就迎刃而解。完全否定自己对自己的所有权、支配权，就那么正确吗？

生非汝有，是天地之委和也。（知北游）

你的生长、生活也不是归你个人所有的，那是天地委派、下载下来的阴阳之气，凝积合和成就了你的生机。

无功受禄不是安全的选择

在芸芸众生蝇营狗苟追名逐利、争权夺利，不惜白刀子进红刀子出，不惜夫妻反目、父子成仇的时代，需要一种难得的清醒：无功受禄、捡到从天上掉下来的馅饼、暴得功名，大凶。

大王反国，非臣之功，故不敢当其赏。（让王）

现今您光荣复国，也不是我的功劳，所以我也不想接受额外的褒奖。

注重“藏”的特别作用

春种夏耘秋收冬藏，冬不藏精，春必春瘟，还有什么深藏（深潜）不露云云，这些说法证明，对于中华人士来说，“藏”占有一个特别的，说不定是结论性的地位。这很可能与中华农耕文明的发达有关。

相对来说，中国人缺少西土的张扬、锻炼、挑战、应战、竞争、冒险与在这样的锻炼竞争中发展的主张与观念。这种藏的观念中，带有禁欲主义与尚阴谋的成分，也表现了人们普遍推崇的谦虚退让谨慎、如临深渊、如履薄冰的风格。

夫有干越之剑者，柙而藏之，不敢用也，宝之至也。（刻意）

说是有一把吴越宝剑，把它装到匣子里，小心翼翼地珍藏起来，不敢随便使用，真是珍贵极了。

喜怒不形于色

国人之思维定式与集体无意识久矣，不喜欢张扬外露之人，不喜欢个性凸显之人，不喜欢跃跃欲试之人，不喜欢针尖麦芒之人，不喜欢英气勃勃、才华洋溢之人。国人喜欢的是谦虚谨慎、内敛深藏、大智若愚，最好是拙嘴笨腮者。甚至国人不喜欢太多太明显太外露的表情，不待见太多的手势等肢体语言，连称颂大人物，也是说他们“喜怒不形于色”。

动而持，发也机，察而审，知巧而睹于泰，凡以为不信。（天道）

你想发作起动，恨不得机敏无比，你东张西望，自命眼里不掺沙子，你是聪明外露，精出个样儿来，这一切都不自然朴实，让人不敢相信你。

不要轻视淡化的效用

国人的生活调门，我们的传统戏曲，总体上看比较强烈浓郁、大轰大嗡，这要不要反思一下呢？我们也明白君子之交淡如水，还有亲戚远来香嘛，看来，适当地淡化某些感受，淡化某些反应，确有其可取处。渴望简单，渴望朴素，值得人们深思。不能由于文化的发展、生产力的发展与物质生活条件的改善而使人们的生活日益复杂化，复杂化带来的一定不是幸福指数的提高，而是相反。我们如何能不羡慕“至一”的状态、有知而无所用的状态呢。

古之人，在混芒之中，与一世而得淡漠焉。（缮性）

古人们生活在混一与迷茫之中，他们的一生（或者说是他们与整个世间）都是处在恬淡静寞之中的。

淡化生活，淡化欲望

适当地淡化生活，淡化欲望、愿望，可能对减除焦虑、压低心火、调节心态与人际关系，过一种相对逍遥自在的生活有好处。庄子的药方之一就是淡化，我辈庸人，相对来说还是活得太浓、太咸、太辣、太齁得慌啦。

其生若浮，其死若休。（刻意）

他活着像是漂浮、浮游（在云气或水面上，在以太或宇宙基本粒子之中，或在万物万象的根本、本源——伟大虚无之中），他的死亡像是安宁地休息下来。

第十章

盗与道：在绝对与相对之间

没有绝对的价值

万物尤其是价值具有相对性、多元性，没有绝对的价值，只有某一方面的价值。

人为什么这样喜欢分三六九等？人什么时候能谦逊地客观地将自己看作物种之一，而不是世界的主宰、万物的主宰呢？

自我观之，仁义之端，是非之涂，樊然殽乱，吾恶能知其辩！（齐物论）

在我看来，什么仁义、是非，越辩越糊涂混乱，我哪儿知道该怎么去判断？我哪儿知道人们在争论些什么，在闹腾些什么！

太彻底，反而通向了悖论

智慧使智慧无言以对，智慧拆除了智慧的架构，这难道不是窘态吗？这难道不是伟大与天才的提问吗？能够深入思想并看到悖论的奇异风景的人有福了！

任何一种理论如果太彻底，就反而通向了悖论——吊诡。庄子那么早就接触到这个悖论——吊诡了，他的悖论可以命名为“梦醒悖论”。如果醒来是对于入梦的否定，那么再进一步醒来，会不会又否定了上次的否定即上次的醒来呢？多么值得惊异，又是多么可惜呀，为什么我们的伟大祖国硬是没有在此后发展起伟大的数学逻辑学来？

丘也与女，皆梦也，予谓女梦，亦梦也。是其言也，其名为吊诡。（齐物论）

孔某人啦，你先生啦，都还在那儿做着梦呢。我说你在做梦，又有谁敢保险我本人没有做梦？这样的说法，就叫吊诡，就叫怪异，就叫悖论。

泛道德论也有虚伪性与非操作性

中国本来是最讲究泛道德论的，“天下唯有德者居之”，以德治国，修身是学习的根本，德才兼备，德在首位……这样的观念，上下已经数千年。甚至两性关系，都是要道德挂帅。泛道德论有它的力量，也有它的煽情性。皇帝可以以之要求愚忠愚孝，人民也可以以之造无道昏君的反。

偏偏庄子指出了泛道德论可能的虚伪性与非操作性。以德治国好是好，提倡德行是必要的，但必须首先是依法治国，是法治国家。文化文化，在文化中道德很重要，但同时必须辅以理性、法制、制度、以人为本的原则。现在读《庄子》，我们有可能更感到庄子的可贵，虽然还远远不够。

枝于仁者，擢德塞性以收名声，使天下簧鼓以奉不及之法非乎？（骈拇）

画蛇添足、节外生枝地搞仁字当头的人呢，人为地拔高德行，生硬地堵塞天性，借以沽名钓誉，岂不是让天下人都吹吹打打地去奉行那些自己和旁人都难以做到的仁义道德吗？

美好的教义也有被绝对化被扭曲的可能

圣人是制造教义——意识形态——理念的人，他的理念可能很美好，很合理，很激动人心，很富有吸引力，但他的理念再好也不可能完美无缺。而当理念被放大、被实力化、被绝对化时，即使此理念上的一个小小的漏洞也可能在实践中变成大谬，甚至导致祸国殃民的灾难。甚至于，让我们假设制造某种教义、理念的圣人其时的论说体系完美无缺，超级完备，比如某一种经写在那儿了，固定下来了，如何发展下去就是后人的事儿了。圣人不可能一代一代地奉陪着诸位接受他的理念的人生活下去、战斗下去，他不可能对每一个宣称信仰他尊奉他的人负责，偏偏他的教义极受欢迎，尊奉他的人多如过江之鲫，中间什么货色都有，投机者、骗子、白痴都有，那么他的教义会起些什么样的作用呢？

此重利盗跖而使不可禁者，是乃圣人之过也。（胠箧）

这样，巨大的利益使得盗跖现象成为禁止不了的了，这都是圣人的罪过呀。

名相反而实相顺

“名相反而实相顺”，这是一句迄今没有被国人发现的、理应大放光芒的格言。多少当年的势不两立、不共戴天的对立与仇杀呀，从名上、言辞上、说法上看，他们真称得上是泾渭分明、邪正殊途、人妖对立、善恶二元，毫无调和的余地。而当一切成为历史以后，人们会发现，至少其中的一部分人和事，在一些时候也许他们是半斤八两，也许是五十步笑百步，也许是互相转化、“弈棋转烛”罢了，也许是不了了之，白白地误了多少性命！

动以不得已之谓德。（庚桑楚）

能够不动的时候就不动，有所举动则必定是出于不得已的原因，这才叫有德（至少是不会无事生非）。

同不可以无视异

世间万物，可以化整为零，也可以积零为整，那么人与人可以各说其说、各信其信，也可以积累共识，成为共同的理论乃至信念。人与人既是一盘散沙，各自为己，又是一个整体，你中有我，我中有你，离开了整体个体难以存活，更难以有什么成就或者进步。这样的信念首先就是可零可整，可分可合，可卑可高，可大可小。认定大是小积成的，高是低垒起的，用李斯的话来说，就是“太（泰）山不让土壤，故能成其大；河海不择细流，故能就其深；王者不却众庶，故能明其德”。

大不可以无视小，高不可以无视低，同不可以无视异，这里异了，那里也许正是同，今天异了，明天也许又是相同。这样的话，异是自然的正常的，同是伟大的高尚的。这样想与这样讲，比只讲一面，即重视大、高、全的一面，只讲尚同、统一的一面，只讲大河没水小河干，不讲小河没水大河也滔滔不到哪里去，要全面得多。

是故丘山积卑而为高，江河合水而为大，大人合并而为公。（则阳）

所以说，山丘要堆积卑微的土石才能高大起来，江河要汇纳细小的水流才能开阔起来，大人物归拢了众人的意见才能公平公正公允起来。

因是因非，因非因是

因非因是，因为觉得它错了，便认定它会迅速自行腐烂灭亡。如果它没有立即腐烂灭亡呢？尤其是，当自己背离了它之后，恰恰是你自己钉子碰得鼻青脸肿的时候，会不会反过来认为它才是千真万确的呢？这样的例子还少吗？越是西方发达国家，越可能产生真诚的与理想主义的左翼分子，真诚美丽的社会主义理想。而越是社会主义国家，越会为一心崇拜西方的不同政见者而头痛。

因是因非，因非因是。（齐物论）

你认定了某种东西、某种主张、某种道理为是，那么，同样的原因、同样的道理，也会使你认为原来你信仰为是的东西，后来成了非。你认定了某种东西、某种主张、某种道理为非、为错误，那么同样的逻辑也就可能使你开始认定原来认定为非、为错误的东西为是、为正确。

不同的条件会造成完全不同的结果

同样的情况，不同的人，不同的时间、地点、条件，会造成完全不同的结果。

反过来，这对于自以为是栋梁、是千里马、是大才的“士”，对于那些自以为不遇，而以为别人都是傻子都是混蛋坏蛋的人来说，也大大有利于清醒。读过几本书的自命思想者，常常觉得世人，尤其是掌握权柄的人，只因为一念之差，硬是走了错路而误了国家、人民、世界、人类的大好事。

差其时，逆其俗者，谓之篡夫；当其时，顺其俗者，谓之义之徒。（秋水）

离开了具体的时间条件，不符合具体的民心、民情、民意，就成了篡位的独夫民贼在那里生发动乱；而干得是时候，得人心的呢，就成了高举正义大旗应天承运的仁人志士。

大言欺世

庄子指出，好听的名词，惑乱人心，没有操作性的规范，只不过是花言巧语；自成体系的一厢情愿的理论，只是大言欺世；不是把最简单的真理还给世界，而是把世间的一切烦琐化复杂化地说教与论辩，只能是折腾添乱……他们比杀人越货的江洋大盗还危险，他们盗掉的是世道人心，他们毁掉的是淳朴的大道。

矫言伪行，以迷惑天下之主，而欲求富贵焉，盗莫大于子。（盗跖）

用装腔作势的语言与矫饰做作的行为意图迷惑天下的君主，通过这样的方式以求得一己的富贵。如果讲强盗，你才是欺世盗名的大盗，谁也没有你要盗取的多。

仁义的说教有时会变得虚伪空洞

仁义的说教有时会变得虚伪空洞，残害性灵，会成为迫害他人攻击他人的旗号。自古以来，政治斗争中的一方，总是会以对立面不仁不义、无道无德为理由号召鸣鼓而攻之。所谓鸣鼓而攻的鸣鼓，就是鸣仁义之鼓。礼法与按礼法奏乐，有时也会令人生厌，变真情为走过场。所谓行礼如仪，潜台词是并无真情实感。人的这种“制造”的习惯，破坏了多少生态，糟蹋了多少资源！求新逐异、浮躁追风、装模作样而实际上是资质庸劣的艺术，闹出了多少混乱变态、自欺欺人的色块与音响，毁坏着而不是陶养着人们的耳目身心。庄子太有预见了，他已经预见到二十世纪、二十一世纪的视听信息的爆炸与危殆了！他早在两千数百年前，已经呼吁原生态，呼吁回到大自然了！

道德不废，安取仁义？性情不离，安用礼乐？（马蹄）

不废弃自然而然的大道玄德，哪儿用得上仁义？不背离真实的性情，哪儿用得着礼乐？

被提倡的东西也会是祸害之源

好厉害的庄周，他不但发现香饽饽是可以争夺窃取的，而且发现香不香的判断权、价值观念的解释权、衡量权与适用与否的终审权，也是可以争夺窃取的。一切被推崇、提倡、珍爱的东西，都是祸害之源、争夺之根、虚伪之由，占有与窃取的教唆者，是一切罪恶的源头。

你的地位上去了，权势上去了，不但权位归了你，连仁义道德圣知的美名也归了你啦，呜呼痛哉！主张大而化之、大而无当、槁木死灰，称颂闻道则眠的《庄子》一书中竟有这样的“造反有理”的言论。人们，我是爱你们的，你们要警惕啊。（这句话出自捷克共产党员、烈士伏契克的书《绞索套着脖子时的报告》。）

诸侯之门而仁义存焉，则是非窃仁义圣知邪？（胠箧）

诸侯的门里就有仁义了，这不是盗窃了仁义和圣智吗？

正面的宣扬也会适得其反

在一定的——不是绝对的、无条件的——条件下，正面的提倡、积极的概念、仁义道德的宣扬，收到的可能是负面的效果，这里还没有讲过分的提倡结果造就了虚报成绩、言行不一，一级压一级的结果多半是一级骗一级。

那么请问绝对不宣扬仁义道德如何？不宣扬就好了？连宣扬都不宣扬，能好得了吗？如果说当今提倡见义勇为是说明了见义勇为者之缺少，不提倡了，能增加见义勇为者的出现吗？

掊击圣人，纵舍盗贼，而天下始治矣。（胠箧）

谁想得到，只有打击与压制圣人，释放与纵容大盗，天下才有救啊！

警惕好词成为价值霸权

在某种意义上，老庄都反对创造、提倡、使用许多好词儿，认为这些词儿会走向反面。这倒也有一点针对性。正因为许多词儿——概念比具体的事物更加富有概括性，人们会产生概念崇拜、名词崇拜，会产生人服从概念、概念控制了人，或人按概念而作秀的情形。例如，孝是一个好字，但是二十四孝中不无过度失当的故事。这样的例子不胜枚举，以好字好词好概念始，以过度失当挫折终。

如今的西方世界似乎也有沉迷于某个字眼的情景。如民主、自由、价值、神圣、精英、革命、主义以及拯救、使命等词都很好，但有没有原教旨主义、基本教义派、价值霸权与价值纷争乘机煽情惑众，也是可以考虑的。

甚矣，天下之惑也！岂直过也而去之邪！（在宥）

太过分啦，天下人好糊涂呀，这八个词儿说说也就过去了，不就结了？

过分推崇会产生弄虚作假

任何过分与超出了理性限度的提倡、推崇，都会产生弄虚作假。例如举孝廉时期有过种种不近人情的伪孝廉，例如“文革”中的讲用，更是不伦不类，大大地靠不住。

而如果掌权者、老板们、名人们、有影响者们全然撒手撒劲，吗事不干，其结果呢，好人出不来了，坏人照出不误，也并非不可能。一个花园，如果取消一切园丁的劳动与管理，当年的赫胥黎在《天演论》中就讲过这种情况，其结果不但是花园的荒芜，更可能是恶草的蔓延与名贵好花的灭绝。

圣人不死，大盗不止。（胠箧）

只要圣人不死，大盗就会不断产生。

价值宣扬过度只会害人不浅

法律绝对不是完美无缺的，古今中外有许多严刑峻法被有识之士所批判所摈弃。不论是在法国小说《悲惨世界》中还是印度影片《流浪者》中，法律给人的印象如同魔鬼。价值宣扬过度，就会产生伪饰、假冒、吹嘘、片面强调、名教杀人、霸权（以维护某种价值为理由动用军力暴力）等。而某些陋习更是害人不浅。老庄希望人们能更本真一点、朴直一点、自然一点、性情一点，亦是金玉良言。

故圣人法天贵真，不拘于俗。（渔父）

所以圣人总是效法自然，看重真心实意，不是被世俗所拘迫。

理想主义往往会变成老板的包装

如果你只有小智小贤，你仍然是伙计，是打工仔，你是在为老板打工。而如何争夺老板的权，即争夺权力，恰恰是诸子百家所回避的。包括老庄在内，他们提出了一些理想主义、乌托邦主义的命题，如“大道之行也，天下为公”“太上，不知有之……功成事遂……谓我自然”“天下唯有德者居之”等，但这些往往难于做到，于是变成了老板的包装。蓦然说出老板权的实质，捅破了这层窗户纸的，正是《庄子》外篇中的《胠箧》一章。

世俗之所谓知者，有不为大盗积者乎？所谓圣者，有不为大盗守者乎？（胠箧）

世俗所谓的聪明人，有谁不是为大盗积聚财富的呢？而人们所说的圣贤，又有谁不是为大盗看管保护的呢？

不要偏听偏信

你的善言愈多，我对你的恶评愈甚；你的许诺愈重，我认为你从我这里要夺去的就愈多；众人愈是这样认为，我愈是要找出与众人的认识相反的例证来。什么诸侯，什么恒民、顺民、良民、模范百姓，什么尧舜汤武，我全不信全不鹦。告诉你，我就一句话，与北岛的诗一样：“我不相信！”

且吾闻之，好面誉人者，亦好背而毁之。（盗跖）

早就有人说过：那些当面歌颂你的人，也最喜欢背后损害你的名声。

不要过多地强调一面

人们对于是非、彼此、名实的判断是以自我为中心而时时随着时间地点条件的推移而推移的，并非恒常不变的。你的那个原则，其实是他人的需要、他人的原则、他人的标准、他人的变动不羁的实用主义的产物。这样说，却忽视了人生中的一些绝对理念、绝对命令、绝对价值，例如爱惜生命、见死施救、助人为乐、以人为本等。过多地强调一面，确有其不足取处。

移是，今之人也，是蜩与学鸠同于同也。（庚桑楚）

这种对于是非、彼此、名实的不可靠的认知，正是现今人们的通病，这就跟蜩与学鸠共同讥笑大鹏那样，乃是同样的幼稚可笑。

看待事物不要太过固化单一

在绝对化的情况下，许多日常的看法都靠不住。蛇总是长的吗？肯定有比蛇更长的东西。龟总是短的吗？肯定有比龟更短的东西。不同的情况下，人们对于长短的感知不同。人们对于长短的感觉也不同。例如蛇虽长而可以卷曲，龟虽短但是只能那么大。以矩为方，以规为圆，它们都做不到绝对没有毫厘误差地画出方和圆。凿出来的孔洞与榫子比也有误差，不可能是恰恰与榫头形状大小完全一致。

龟长于蛇；矩不方，规不可以为圆。（天下）

龟比蛇长；矩不方，圆规画出来的图形不圆。

一味走极端就会成为对立面

到底有没有标准，有没有上上的选择可能，乃至有没有好的善的与不好的恶劣的人生分野呢？庄子提出了一个令世人惶惑的问题。你太认真太强烈，你坚决主张是非善恶的势不两立……会不会成为极端、分裂、恐怖三种势力的渊薮呢？而反过来，一味地主张善就是不善，美就是丑恶，主张保命第一……会不会成为一切厚颜、投机、下作分子们的托词呢？

故夫子胥争之以残其形，不争，名亦不成。诚有善无有哉？（至乐）

看那个伍子胥，他若是与吴王相争吧，会丧生害命；不据理力争吧，他也出不了如今这样的大名。世上到底有没有真正的好的选择呢？

当心跟风盲目的人

我这一生已经多次看到过，那些动辄热血沸腾、标榜自己见义勇为的人，一旦形势发生变化，慌不迭地洗清自己，不惜把自己热血沸腾的原因推诿到他人身上。世上跟风的人太多，而无头脑却又是胆汁质、多血质的人太多，盲目的人太多，廉价的吆喊者太多，这样的人很容易被煽动也很容易被扼止，很容易冲动也很容易恐惧，一方面是气壮如牛，一方面是胆小如鼠，一上来叽叽喳喳，过两天叩头如捣蒜，再过两天出卖朋友只求自救。呜呼，庄子涉世深矣！

故其就义若渴者，其去义若热。（列御寇）

所以他们趋义急如饥渴，弃义急如避热。

不要做闹腾的施恩秀仁者

真正的伟大可以包容与引导渺小，但是绝对不会去嘲笑与压迫渺小，也不会爱惜羽毛到病态的洁癖的程度。动辄嘲笑与压迫渺小的伟人，不是真伟人，而只是强人，有些时候还只是口头的强人。动辄含泪的仁人呢，能仁到哪里去呢？还有，另一方面，又有多少庸人、俗人、强人、秀人视大道为不共戴天啊。慢慢咂摸滋味吧，您老。

不闻，不得，无己，多么简单，你做到了吗？老王做到了吗？诈诈唬唬闹腾的道德秀者，谁做到了呢？

是故大人之行，不出乎害人，不多仁恩。（秋水）

所以真正的大人，既从无害人的动机，也并无多少施恩秀仁、积德行善的考虑。

聪明反被聪明误

个体的优越条件反会导致困厄，个体的不利条件反而通向光明大道。太聪明了，聪明外露，不祥，中国的说法叫聪明反被聪明误。我们提倡的是做老黄牛、做革命的傻子、下笨功夫等等。勇敢浮动，动不动出手，必然结怨树敌，自找苦吃。仁义讲得太多为什么也会受两难呢？漂亮话多了，受众要求兑现，而且是首先是要求你兑现。你用来规范人众的理念，人众先用来规范阁下；你用来鼓励他人的美德，人众先用来检验您老。

知慧外通，勇动多怨，仁义多责。（列御寇）

太聪明了就外露，太勇于浮动容易结怨，仁义闹得太欢了反受责难。

能人、名人有成为祸根罪首的危险

从某一面说，能人越多争论越多，能人越多挑出来的毛病也就越多。能人太多，还不好驾驭指挥。有个把能人不可避免，关键在于他的能干不能表露出来。能人的能干一表露，庸人、蠢人、恶人也多少学会了一点皮毛手段，伪能人、伪善人、伪君子、伪巧人都出来了。他们成事不足，坏事有余，不但添乱添堵制造危殆混乱，而且他们的出现使能人、名人大大掉价。恶劣政客败坏着政治的名声。能人、名人，到了庄子眼里成了祸根罪首，着实令人可叹。

反过来说，如果根本取消掉、消灭掉所有将自己的能干表露出来的能人、名人，如果中国一直保持混沌朴鄙的原始状态，这个国家这个民族能存在至今吗？我们的命运和美洲的印第安人、澳大利亚的原住民及新西兰的毛利人能有什么区别？

彼曾、史、杨、墨、师旷、工倕、离朱，皆外立其德而爚乱天下者也，法之所无用也。（胠箧）

所以说，那些个能人、名人，什么曾参、史鳍、杨朱、墨翟、师旷、工倕、离朱等人，都是把能耐暴露张扬到外面、表面，迷惑耳目，扰乱人心，那些都不是正宗的法度啊。

用心太过，会走到原意的反面

言语的失当会造成意想不到的灾害，用心太过，也会恰恰走到原意的反面。尤其是当差公务的人，社会上的有机知识分子，能不慎乎?

这些地方说明了庄子的敏锐与犀利，世相人心，安危成败，入世深深、入木三分，逃不过庄子的超强监视、透视、扫描、存储与信息处理。庄周其人，厉害呀！他如果去做官，应该不乏精明，他不做，一是没有机会，二是太精明了，也就太高明了，也就绝对不会、死活不会孜孜求官，而宁愿选择无之用，逍遥养生啦。

言者，风波也；行者，实丧也。（人间世）

言语可能兴风作浪，行为可能患得患失。

大千世界各有其实存性、规定性

大千世界，纷纭繁复，却又各自有其实存性，有其时间与空间的规定性。这些规定性是不能亏欠、不能打折扣、不能缺斤少两的。世界是奥秘的又是明确的，是无穷的又是具体的，是运动中的又是不变的，是永远没有绝对把握的又是清楚的，昭昭日月，朗朗乾坤，哲学的伟大并不会压迫我们凡庸之人，而是帮助我们更加踏实和明白地生活在这个世界上。

颉滑有实，古今不代，而不可以亏，则可不谓有大扬推乎！（徐无鬼）

万物纷扰杂乱变易却有它的实在性，古今无端却不能相互替换，万物纷杂却哪个都不能缺少损坏，这能不说是一切的一切都有一个纲要与概略吗！

重视大的平衡

有祸就有福，有危就有安，有得就有失，有正中靶心就有失之交臂，有背运就有好运，何必起急、何必不平衡呢？这讲得太好了，太想得开解（xiè）得开了。读至此处，能不豁然开朗？

有所正者有所差，比于大泽，百材皆度。（则阳）

各自追求其不同的侧面，有正中不差的也就有失误偏差的。拿山泽来说，生长的各种材质都有自己的用途。

有多少事能不姑妄

人活一辈子，有多少事能不姑妄？有几成的事是有了百分之百的把握？从理论上说，人类总结出来的道理法则、科学，都是归纳法的结果。而所有的归纳都不是百分之百的准确，一万次的证明所归纳的法则，敌不过一次证伪。西方学者强调科学的定义并不在于它们的已经被证明，而在于它们的可能被证伪。不能证伪的东西多半也不能证实，例如宗教、艺术等等，所以它们不是科学。多么有趣的命题！

予尝为女妄言之，女以妄听之奚？（齐物论）

现在我姑且说说，你姑且听听，怎么样？

留有余地至关重要

清者，清洁、清纯、清明、清凉、清晰、清净、清爽、清新之谓也；高者，高超、高尚、高耸、高明、高远、高大、高度、高妙、高深之谓也。这样的标尺永远没有庶几达到的时候。如果瘦削代表清高，人们为了清高能不活活瘦死吗？如果轻生代表清高，人们为了清高能不跳河吗？如果隐蔽代表清高，人们为了清高能不躲猫猫吗？

言者所以在意，得意而忘言。（外物）

言语是用来说明一定的意思的，领会了意思就不必再去抠言语。

万事万物都有另一面

有其长就有其短，有其强必有其弱，顾此必然失彼，求胜常常反败，得陇苦苦望蜀，座上客转眼便成阶下囚，明察秋毫的另一面是不见舆薪，物壮则老，月盈则亏，水满自溢，苦尽才能甘来……这样的例子举不胜举，而人们自取灭亡的蠢劲儿照旧。损害你的力量从未停止，你怎么能忘记汲汲于那源头的活水呢?

请只风与日相与守河，而河以为未始其撄也，恃源而往者也。（徐无鬼）

假如风、太阳总是与河流互相厮守，河水却并未受到影响，那是另外靠河水源头小溪的不断汇聚才抵消了河水损失的缘故。

世上本没有绝对的得与失

世上本没有绝对的得与失。任何得，从另一个角度看来其实是失；任何一种失，换一个角度看其实是得。甚至生死也是如此：失去了死，如大病痊愈，当然是快乐地得到了再多生活一段时间的机会；失去了生，得到的死，也可能是伟大的死亡，是辉煌的盖棺论定，是生命的另一种形式的延续与总括。

得之也生，失之也死；得之也死，失之也生。（徐无鬼）

得到生命也就是生活了，失去生命也就是死亡了。而从另一方面来说，失去生命也就是得到死亡了，也就死灭了；失去死亡也就是得到生命了，也就生活了。

好人可能胜利也可能失败

一个有特殊本事的人，例如一个射箭能手，他的功力属于天，他的标准在于天，人众的喜怒哀乐、酒色财气对于他的中靶成绩不起作用。而人众对他的反应，则属于人事，加进了喜怒哀乐、酒色财气。一个写作人的才华来自天，是否畅销，是否红得起来，则不是他能左右的。一个所谓的英雄或野心家，他的膂力、智商、机缘、运气乃至寿夭，基本上属于天，但其成败强弱众寡，则是人事。天是公道的，犹如射箭比赛的规则。人事则天知道是怎么回事，好人可能胜利也可能失败，坏人可能完蛋也可能走运。

羿工乎中微而拙乎使人无己誉。（庚桑楚）

羿的功力在于能够射中精微的目标，但是他不擅长制止他所不喜欢的人众对于他的吹吹打打。

顶级的快乐伴随的可能是麻烦糊涂荒唐

中国的人生观是重视忧患意识的，是将忧患意识放在首要地位的，中国的价值观同样是忧患主义的。如果一个士人动辄扬言要快乐、享乐，这是被人们所看不起的。

等到天下都乐了，然后自身才可小乐，恐怕不太容易乐得成，所以范仲淹自己也说，他提倡的这是“进亦忧，退亦忧”。

我们至今也是提倡忧国忧民的忧患意识，但是庄子独树一帜，他要认真地讨论一个至乐、最乐、大乐的问题，他要对何为至乐提出自己的与众不同的见解。他看到，乐，而且至高无上了，麻烦就出来了，糊涂与荒唐就出来了。

天下有至乐无有哉？有可以活身者无有哉？（至乐）

天下有没有最好最高即达到顶级的快乐呢？有没有可以生活得好的方法呢？

有些表面的知往往是无知

有些所谓的知，所谓的自身对于真理和权威的垄断，例如纳粹主义、霸权主义、极端唯意志论、某些原教旨主义（基本教义派），时过境迁之后往往暴露的是自身的无知、非知、愚昧、可怜、可恶。而对于自身确实有所不知的认定，在世界面前的某种谦逊、谨慎直至犹豫与随时准备调整的态度，表面看是自身有所不知，其实是真有所知。这样的见解当然不同凡俗而有其见地。

齧（啮）缺问于王倪，四问而四不知。齧（啮）缺因跃而大喜，行以告蒲衣子。（应帝王）

啮缺向王倪提问，四问四不知。啮缺高兴得跳了起来，回去后告诉给蒲衣子。

理论的说教可能与实践效果相反

人性中自然有仁义，也有不太仁义或非仁义；人有利他的地方，也有利己的地方；人有高尚的一面，也有不怎么高尚不能免俗的一面；有见义勇为的可能，也有事不关己高高挂起的倾向；而且人与人不一样，与鸭子腿短、仙鹤腿长一样。而儒家喋喋不休地讲究仁义道德，就是要给腿短的续长，给腿长的截短。这是自找麻烦，找人（鸟）麻烦，是多此一举，徒劳无功。

上述的话当然有偏激片面之处，但是让我们想一想各种仁义道德的说教与实际收到的效果或者反效果，又不能不说此言也有值得深思的地方。

意仁义其非人之情乎！彼仁人何其多忧也。（骈拇）

这样说来，仁义并不是什么人之常情吧，瞧瞧这些提倡仁义道德的人是多么瞎费劲！活活愁死他们累死他们啦。

动机和效果有时并不正相关

毛泽东曾强调要唯物主义地看问题，要从动机与效果的统一上来看问题。换言之，人不可以以动机的良好来拒绝对于他的效果不佳的责难。谁想得到，几千年前的庄周，已经就此动机与效果的问题发表了自己的见解，而且他的见解更极端更坚决，他干脆认定从效果上看。按毛泽东的说法，他这种只承认效果的论点应属于机械唯物主义了，当然，这是笑谈。庄周的观点也够振聋发聩了。只是说得太过，共舞的感觉如同被舞伴的大靴踩痛了脚。

二人者，所死不同，其于残生伤性均也。（骈拇）

两个人的死因不同，伤害毁掉了自己的性命则完全一样。

合理处理义利的关系

道德家、真正讲道德实行道德的人，而被视为假道学、伪君子、巧伪人、假面具的；与另外的满脑子巧伪、沽名钓誉、装腔作势、虚情假意、酸溜溜作秀，成事不足、败事有余，却被起哄捧为人文楷模的，恐怕是半斤八两，都不在少数！

这也是老子所讲的："天下皆知美之为美，斯恶已；皆知善之为善，斯不善已。"总括起来，义必须承认利，又必须能够脱离利益考量，对于利有所控制和规范。否则关于义、关于人文精神、关于道德理念的说教，就会变成自欺欺人的空谈和废话！

当然，利与义一样，都不是万能的。金钱绝非万能，大道理也不万能。

名实者，圣人之所不能胜也，而况若乎！（人间世）

一个名，一个实利，就是圣人也不能不动心，不能免俗的呀，何况你呢？

死亡并不是生命的最终结局

一般人认为生了是生命的开始，死了是生命的结束。但是庄子提出，也许死了、化为外物了，生命刚刚完成了序幕。底下的变化谁说得清？如果还可能变化，你哪里知道它不可能变化？如果它不可能变化了，你又怎么知道它将会怎么样变化？如果人生如梦，你怎么可能了解人生的滋味？如果死后长眠，你又怎么会知道长眠的预后？

不，庄子挑战说，死亡并不是生命的最终结局，而极可能是一个大过程的正式开始，梦乎醒乎，环环相接，以至于无穷。

吾特与汝，其梦未始觉者邪！（大宗师）

处于此种变化之前的状态，谁知道是不是做梦呢，谁知道是不是需要等到变化（死亡）的时候才算是梦中醒了过来呢？

第十一章

不止一条路：正视人生的正反面

人之敌人莫过于己

人之一生到底能有多少个认真的仇敌，多少个必然的深仇大恨，难讲。但同时，你的一生中，阴差阳错，又会与他人包括你的亲人、友人产生多少龃龉、多少误会、多少风波！你今天对他有意见，明天对她有怀疑，后天对他、她、它都不满意，大后天你想与他们和解了，他们却来了气，与你非来个白刀子进红刀子出不可……再往后你干脆与一切为敌，还在那儿严正声明至死是一个也不饶恕！您干什么呢？您为什么呢？您图什么呢？

世界上偏偏有为争一口气甘愿己无宁日、人无宁日、群无宁日的偏激……那么早那么古，庄子或托名庄子的那个人已经看透了这一切！人之敌人莫过于己，《庄子》的一些论述，真到位，真刺激！

复仇者不折镆干，虽有忮心者不怨飘瓦，是以天下平均。（达生）

真正有心要复仇的人，无意要折断宝剑，无须与干将莫邪较劲以展示强硬；而你即使有很大的嫉恨之心，你脾气很不好，也不该不必为被风吹落的瓦片击中而埋怨发火，这样才能够做到普天下人的平和、公道、讲理。

以不变应万变

中华文化在强调变通的同时，又大讲以不变应万变，就是说我们的古圣先贤，能够从不变中看出千变万化，又能从千变万化中看出亘古不变的根本与本质来。这其实也很高明，甚至于我们可以说，千变万化的结果正是不该变的绝对不变，或者说，亘古不变的结果是能够最好、最顺当地与时俱化、俱进、俱变。

众人役役，圣人愚芚，参万岁而一成纯。万物尽然，而以是相蕴。（齐物论）

众人忙忙碌碌，圣人简单朴素，任你千变万化，圣人以不变应万变。千变万化，其内蕴却是一样的大道啊。

安排好服侍好你的内心

你安排好服侍好你的内心，你的道德义务需要，就不会把一己的悲喜哀乐放到事情的前边，知道自己的不得已，知道自己的无可奈何，而安之若命，现今的说法则叫安之若素，这样的德性，就算是到了家啦。

国人干什么事都把调整好自己的心态放在第一位，足球输了总认为是心态问题，其实心态再好也赢不了欧洲与拉美的强队。

知其不可奈何而安之若命，德之至也。（人间世）

知道事情的艰难无可奈何而能安心去做，这就是德性的极点了。

对待胜负、成败要保持平常心

能平平常常地对待胜负、成败、分合、用废，也就能正确地处理回应各种变化了，也就能通达无碍，不自寻烦恼，不自找麻烦了。而能做到如此，也就有所得了。自然而然地做到了通达，无心无意中做到了的通达才是大道的体现呢。

庸也者，用也；用也者，通也；通也者，得也。（齐物论）

平平常常的事物得以存在，能存在也就是有了用了嘛。有了用了也就是能通晓了、讲得通了，能通晓、能讲得通也就有所获得。有了获得也就差不多接近于大道了。

宠辱无惊才能无损无伤

富者不因富而颐指气使、“烧包”膨胀；贫者不因贫而自惭形秽、怨天尤人；寿者不因老弱而惶惶然不可终日，夭者不因命短而呼天抢地；达者不因高高在上而凶恶狰狞，蹇者不因草民低贱而灰溜溜抬不起头。这样的境界并非易事，毕竟老子那里有宠辱无惊一说，庄子这里有自己的为我所用的相对主义。真做到了这一步，金刚不坏，谁也拿你没有办法。

是故大知观于远近，故小而不寡，大而不多，知量无穷。（秋水）

所以说，大的智慧和知识能观察到、理解到、包容起那空间的远与近，有的东西甚小，它们并没有失落憾恨的理由；有的存在极大，它们也并不嫌多余或过大。因为它（大知）明白，量度是无穷无尽的，量度是在无穷大中进行的，大与小都有自身的道理与依据。

安定自若才能获得真正的快乐

庸俗浅薄之人对于乐与苦、得与失、喜与厌、贵与贱的理解就是：升官发财了就祝贺，就臭美，就晕菜，受挫降级赔钱了就痛不欲生；他们追求的不过是口腹、耳目、形体的享受与快感罢了，他们哪里懂得苦与乐的分野呢？他们哪里懂得真正的精神的快乐、喜悦、享受与精神的自我解放呢？他们如何能够想到下一步与另一面呢？也许升迁的下一步是垮台，也许道贺的另一面是万人唾骂……他们是何等的浅俗、何等的愚傻、何等的卑贱呀！

若不得者，则大忧以惧，其为形也亦愚哉。（至乐）

得不到这些玩意儿，就大大地不高兴，大大地别扭、憋气，这样的人，这样廉价浅薄地计较表面的得失，岂不是有些犯傻吗？

廉价的乐观与悲观都是靠不住的

人之所知少于未知，所生存的期限短于未生存、不生存的时间，个体如此渺小，世界如此广大……这些似乎都让人泄气。然而，明白了这些不争的事实之后，人才会以平常心对待一切进退成败得失，而不会搞急躁疯狂，也不会闹灰心丧气。这又是那句话，廉价的乐观与悲观都是靠不住的。认真地悲观过了，不再幻想无休，不再一厢情愿，不再因碰壁而蹉跎悲泣，那才是真正的乐观，真正的阳光普照了呢。

以其至小求穷其至大之域，是故迷乱而不能自得也。（秋水）

以他这样渺小的存在去追求无穷与永远，这不是自寻烦恼，并无所得吗？

于极端的逆境中从容享受生活

大勇在于认知、明辨、选择与决策。大勇不仅在于敢于斗争、敢于胜利，还在于不做那些鲁莽、荒谬、冒险的伤人害己的事情，这多少有老子所讲的“勇于不敢”的含义。这从表面上看不无消极，但一个不惧，又不能不说是难能可贵。哪怕处于极端的逆境，哪怕是性命攸关，不能害怕，不能失常，任何情况下不可歇斯底里，这应该是仁人志士为自己立下的一条铁规则。哪怕处于极端的逆境，还照样要弦歌不辍，还照样能娱乐从容，享受生活。你能说这不是更上一层楼的勇敢吗？

知穷之有命，知通之有时，临大难而不惧者，圣人之勇也。（秋水）

知道穷窘的宿命性质、通畅的时运性质，面临巨大的灾难（如现在的被团团包围）而无所惧怕，这表现出来的是圣人的勇敢。

面对无法改变的失望的一切，只能自救

古往今来，我们必须面对，我们曾经面对，而庄子早已面对——面对而全然无法改变那些面对了以后令人失望的一切。只能自救，只能超度。庄子知道他没有办法改变人类的一切特有的麻烦，他尤其怀疑儒墨那一套应该叫作饮鸩止渴、火上浇油的规范与观念。他认为这些规范与观念令生存与政治、社会竞争更加细腻而又惨烈、虚矫而又无孔不入。他认为儒墨那一套与其说是在助人，不如说是在害人。他不能拯救人生、竞争、社会与资源配置，只能拯救灵魂，拯救自己，他只能搞精神的一己的胜利与陶醉，搞精神迷醉。

我这里无意以阿 Q 的名称来轻蔑庄子，毋宁说我有以庄子的名义替阿 Q 找一点理解的好意。对于阿 Q，恐怕也不是靠一味嘲笑能于事有补的。

子治天下，天下既已治也。而我犹代子，吾将为名乎？（逍遥游）

天下治理得这样好，我再去取代您老，我图什么呢？是为名声吗？

先正己，后才能正人

你自己做正了，各种事项就会自然而然地运行践行了。不能正己焉能正人？你不是整天牢骚满腹，怨天尤人吗？你不是看着谁都不中意吗？你能不能先想想自己的不正之风、不正之思、不正之处呢？你想改变世界吗？对不起，请先改变你自己。如果你连自己的一点点小毛病都改不了，你还闹腾什么改天换地、力挽狂澜？

这话说得并不全面，因为正己与正人并非截然分离，自身有待正之处也不等于不可以纠正旁人的失误，但是中华式的这种欲正人先正己的逻辑仍然很能启发人说服人，而且能让人变得相对实际一些，谦虚一些，少一些一己出发的愤世嫉俗与横扫一大片，少一些乖戾与暴躁，多一些君子风度、绅士涵养。

正而后行，确乎能其事者而已矣。（应帝王）

把自身做端正了，自然也就能推行政令了，也就能让各色人等各尽其力，各安其事了。

做人不可张扬外露

中土传统文化崇敬的不是强壮，不是好勇斗狠，不是泰山压顶，也不是光芒四射；我们常常心仪的恰恰是弱中之深强，阴柔中蕴藏着阳刚，是以弱胜强、以少胜多、以柔克刚、以智胜力，是引导、引诱强大的对手犯错误，是等待着“不战而屈人之兵”的上上策、上上机会。

一直到形象、风度、举止、仪表上，我们是宁可呆若木鸡，不可张扬外露。至今有官运亨通者的窍门，就是“一声不吭”四字。看来国人确实有将智力变为谋略，将谋略变为阴谋的倾向，无怪乎老庄都拼命贬低知与智。在我国同样源远流长的是非智主义。

鸡虽有鸣者，已无变矣，望之似木鸡矣，其德全矣。（达生）

别的鸡即使鸣叫，它也不搭理，若无其事，看上去像只木头鸡，它的品质与功能可以说是够份儿了。

不要过分急于发表意见

庄子有一个发现，很多人是说完了话才知道自己究竟要说什么与说了什么的。至少文学作者是这样，他们在用笔或电脑言说完毕之前，是弄不清自己要说什么的。从这一点看，两个人或两派争得你死我活，着实可笑得紧。

夫言非吹也，言者有言，其所言者特未定也。（齐物论）

言说、发表意见不像风吹那样自然而然、轻而易举。言说者的言论、意见、见解，其实并不是那么有把握，并不是那样有清明的见地，言说之前或言说的过程中，他的见地没准尚未定型。

避免走向自己的反面

德怕出名，德与名一联系就会走样。因为名紧连着利，一够上名利啦，德行就可能变成包装作伪，曲线谋私，德行就走向了自己的反面。刘备摔孩子，自己求德之名，而得到的评语是刁买人心。知（智）怕相争，知（智）一相争，就走向反面，变成伤害对手的利器损招阴谋诡计，变成浅薄的妇姑勃谿，变成恶性的争斗混乱之源。好东西却要炒作扬名，好品质却要恶斗对决，那还能叫好吗？只能叫恶、叫凶，我们应该逃而避之，拒而绝之。

麻烦的是，一个正常的社会群体，总要有激励德行、推动智育的机制，也总要有惩戒社会不良乃至大忌的行为的机制。总不可能反过来要成员们无德、缺德、丧德，也不能让成员们无智、弃智、少智、缺心眼儿。而任何激励都会引起伪饰，任何惩戒都会引起诬陷——将社会要惩戒的罪名强加在对立方。怎么办呢？怎么办呢？

德荡乎名，知出乎争。名也者，相轧也；知也者，争之器也。（人间世）

德行受到的挑战来自虚名，智谋的被启发诱导是由于互相争斗。有了虚名，就有了竞争倾轧。有了智谋，就有了相斗的武器暗器。

高处不胜寒

你是白狗，人们要求你更白，越是白狗越容易受到黑的评语。你是智者，人们要求你百战百胜，要是有一次出了昏招，便受到天下人的唾骂。你是强者，你的敌手遍天下，你更容易遇险蒙难。而富人的花销太多，富人穷起来比谁都快。新疆维吾尔族谚语“茶水越多馕吃完得越快，金钱越多花光得越快”，也是这个意思。

白狗黑；孤驹未尝有母。（天下）

白狗是黑的；孤驹从来没有母亲。

辩证地认识天与人

天与人，又有谁能加以区分呢？天何言哉，所谓天意不天意不都是活人说出来的吗？我们说的人为，是不是可能正是天意呢？胜者王侯败者贼，历朝历代，哪个取胜者不认为自己是受命于天、顺天应时呢？同时他们哪个会不说对手是逆天逆时、气数已尽、遭到天谴、自取灭亡呢？而失败者也同样会宣称不是对手优于自己，而只不过是他们有运气，楚霸王说得好，天亡我，非战之罪也。世界各国各代，有多少升降沉浮兴衰治乱，有几个人出来承担人之责，又有几个胜者不是借天唬人，败者不是借天赦己！

庸讵知吾所谓天之非人乎？所谓人之非天乎？（大宗师）

你怎么知道你所说的天生、自然，不是人为地去认知去推广的结果呢？你怎么知道那个所谓人为地追求的东西不正是天意正是自然规律呢？

坚守自己的主体性

如庄子所说的至人、圣人、真人、大知（智）、大年，是会给人以压迫感的。他们很难与俗人，与小知、小年得到沟通，亲密无间的。你太讲道德，会被认为是虚伪与无用。你太智慧，会被认为是老奸巨猾。你太超脱，会被认为是太拔尖儿，拒绝牺牲，拒绝成仁取义。你太清高，会被认为是沽名钓誉。你太执着，会被认为是抠死理儿、不切实际。你太慷慨大度，会被认为是迂阔空疏。你是鹏鸟腾飞，会被质问："奚适哉？奚适哉？（你到底要干什么，你到底要上哪儿？）"

同时，反过来想，大知、大年者，鲲而鹏者，也常常不理解具体而微的、形而下的、难以上台面的、不被人重视而且常常是被污辱与被损害的小知、小年的关切与忧虑、艰难与辛酸。

小知不及大知，小年不及大年。（逍遥游）

小智低智当然够不着大智高智，短命者不知道什么叫长久长寿。

相信珍惜自己的实践与经验

说智是祸害，我们今天的人恐怕难于苟同。人们不但常常相信生活在别处，而且会倾向于相信智慧在别处、知识在别处。比如“大跃进”，有人相信粮食产量可以上卫星，深挖地可以挖到两三米，绳索牵引拉犁可以将中国直接拉入共产主义，却不相信已经种地种了几千年的农民的常识。过去，许多国人相信苏联的今天是我们的明天，幸亏不是，后来相信别的国家或地区是我们的希望与榜样，就是不珍惜我们自己的已有的实践与经验……

故天下皆知求其所不知，而莫知求其所已知者。（胠箧）

天下人都知道去追求他们所不知道的东西，而不知道从已经知道的道理知识中寻找做事的指导方法，以应对面临的挑战。

不知而后知之

知之似不知，越去积累知识与智能，越是好像无法去求知、认知、得知。在这种迷糊之中，没有把握之中，半信半疑之中，你才获得了对于世界与人生的真知，你才安稳下了你的心。这是不解中的解、不知中的知、不放心中的放心，这是对于大道的靠拢与切近的体悟。

其知之也似不知之也，不知而后知之。（徐无鬼）

一切的知晓好像是没有怎么知晓似的，正是在这“不知”之后方才会有所知。

无能而无不能

日月星辰似乎都是从黑暗中升起来的，而不是自来悬挂在光天之上的。动物从母亲的身体中出生，也是昭昭出于冥冥。人的精神体验也是如此，只有冥冥中才能产生智慧之光的照耀，无奈中才能产生光辉的选择，科学发现与神机妙算的光照产生于无计可施与苦心钻研，产生于困境黑洞。无门无房无崖无方，正是这一切空间结构与特征的皆无，成就了它的无为而无不为，无能而无不能，无形而无不成。

夫昭昭生于冥冥，有伦生于无形，精神生于道，形本生于精。（知北游）

清清楚楚的东西是从幽幽冥冥、昏昏暗暗中产生出来的，有抓挠有端绪有次序、摸得着首尾把柄的东西则产生于混沌无形，精神产生于大道，形体产生于精髓、精气。

有缺陷不完整未必是坏事

不论身体上还是德行上被认为有缺陷不完整都未必是坏事。一个人如果支离其体其形，自然免用免灾，可以养其天年。一个人如果被社会被公众被威权方面认为德行亏损，同样可以免用，既然免用，自然免灾。庄子有拯救士人之心，一代又一代，多少士人因其不见用而哼哼唧唧、哭哭啼啼、丑态百出、愁肠百结呀。他们要学学庄子，也不至于落魄到那步田地！

夫支离其形者，犹足以养其身，终其天年，又况支离其德者乎！（人间世）

形体支离破碎的人照样能够保养自身，何况那种德行残缺不全的人呢！

有所期待，有所失望，所以一切才变得迷人

花开一春，人活一世，有许多东西你可能说不太清楚究竟到底怎么了，人不是因为弄清了一切的奥秘与原委才生活的，而是因为询问着、体察着、感受着与且信且疑着才享受了生活的滋味的。不知，不尽知，有所期待，有所失望，所以一切才这样迷人。如果你准确地把握着每一个下一分钟、下一月与下一年，就没有悬念也没有票房，没有赞叹也没有好戏啦！

孰居无事而披拂是？敢问何故？（天运）

是谁在那里无缘无故地在吹动它们？这些，究竟是怎么回事？

要用全面的眼光看问题

不明白天地的道理，不晓得万物的情性，越是年轻幼稚与自以为是，越容易产生价值偏执与唯意志论，会产生顺我者昌逆我者亡的心理，会以个人主观的好恶定是非、判善恶，会只知其一不知其二，知道天不知道地，知道理想不知道现实，知道进攻不知道后退与防守，知道日不知道月，知道白天不知道黑夜，知道健康不知道疾病……而这样的只知其一不知其二的人，历朝历代，是从未绝迹的啊！

是犹师天而无地，师阴而无阳，其不可行明矣。（秋水）

这样的只知道一面理，就等于师法天而拒绝了地，师法阴而拒绝了阳，当然是行不通的。

不要太轻视局部与具体

人们的纷争，很大一部分是由于利益不同，我们一贯强调阶级、民族、国家、社群的立场，这当然是事出有因。即使仅仅由于个人利害关系的不同也会造成分歧。另外，也许更大一部分是认识论上的问题，即分歧是瞎子摸象的后果。

然而，设想人人都能看到全象全貌，是不现实的。我们的传统文化，重大本、大体、道枢、整体，寂兮寥兮，惚兮恍兮；而有时太轻视局部与具体，其实谁能不是仅仅一个局部、一个具体？谁能是一人一生便包下了全部世界、天下、生民与万世的道理？有时你会觉得可笑，两个学者在那里比大比整，一个说我了解人间，一个说我了解天地；一个说我了解前一万年后一万年，一个说我了解万有；一个说我不但知有，而且一直了解到无有，另一个说我了解有，更了解有之前的无；又一个说他不但了解无有，还了解无无，或了解无无无无……这毕竟是坐而论道的传统，而不是实践力行的传统。

悲夫！百家往而不反，必不合矣！（天下）

可悲啊！百家各行其道而不知反思，必然是互不相合、互相纷争。

把握双向路径

庄子早在两千多年前就提出了两行之道，不是单行路，而是双向路径，这又叫天钧之道、平衡之道、和谐之道，虽然他不可能预见千年后的今日，却抓住了不争论这样一个根本的与永恒的、对于千年之后仍有意义的大智慧。

是以圣人和之以是非而休乎天钧，是之谓两行。（齐物论）

所以，圣人不那么在乎是是非非的争论，不那么较劲，而相信天道自自然然会平衡均匀这些互相对立、互相争夺的势力，这就叫两行。

遇难要及时调整思路

如果你遇到倒霉的事，不妨从另外处想想，不妨向另类思路靠拢，解解心宽，亦殊不恶。

此皆巫祝以知之矣，所以为不祥也。此乃神人之所以为大祥也。（人间世）

这可能都是当时认为不祥的晦气的表现，是无用的表现。然而，从神人的观点来看，它们才是最最吉祥的。

知其矛盾，也要知其依存与转化

天底下的一切都是互相矛盾、互相依存、互相转化、互为条件的，人的悲哀其实往往在于只知其一不知其二，只知其矛盾不知其依存与转化。我之所以是我，正因为我对于物有所感受有所困惑有所龃龉，如果一切都百依百顺、和和谐谐，那就与根本不存在物从而根本不存在我一样。一切的、古往今来的怀才不遇者、失恋者、怨气冲天者、牢骚满腹者，他们的价值、他们存在的证明，恰恰是由于他们的有所取、有所期待、有所失望、有所迷茫、有所哭泣。但是最终呢？在尝尽了各种苦辣酸甜、愚智昏昭之后，他们能不能明白过来，能不能弃暗投明，能不能自我解放，能不能有所提升、有所扩展、有所飞翔、有所超越呢？

非彼无我，非我无所取。（齐物论）

没有认识或感知的对象就没有认识与感知的主体，没有认识与感知的主体，就得不到对于对象、客体的认识与感知。

后果有时是动机的反面

《红楼梦》第一回中甄士隐吟诵道："甚荒唐，到头来，都是为他人作嫁衣裳。"在《共产党宣言》中，马、恩则说："随着大工业的发展，资产阶级赖以生产和占有产品的基础本身也就从它的脚下被挖掉了。它首先生产的是它自身的掘墓人。"人的行为的后果有时是行为的动机的反面，庄子发现了这个秘密、这个规律。这是个惊人的发现，这个发现有助于人们更好地反思，自己所做的所忙碌的一切，会不会其效果是适得其反？

然则乡之所谓知者，不乃为大盗积者也？（胠箧）

那么，本来所谓的聪明人，不等于是为大盗积聚财富提供方便了吗？

天下没有免费的午餐

天下没有免费的午餐，你得到了什么，必然同时付出了什么；你增益了什么，必然同时减少了什么，即使你无意贪婪与获取，你的进项也意味着对于你的人品的怀疑。古今中外，概莫能外，进益者、高升者、受上司宠爱者、写成畅销书者、一夜暴得大名者，常常会多多少少被认为是吮痈舐痔之马屁精一流人物，这也是高升者必须付出的代价之一。

子岂治其痔邪，何得车之多也？子行矣！（列御寇）

你是不是给秦王舔过痔疮呢，怎么获得赏赐的车辆会这样多呢？你离我远一点吧！

不要舍本逐末得不偿失

事实就是这样：多少人为了一口气，为了没有升上级、没评上高级职称，为了与亲属的一点小纠纷，为了听到的一句不相干的恶言，为了情绪上的一点不顺，积恼成疾，一命呜呼，反应过度，害人害己……多了去啦！

其所用者重而所要者轻也。（让王）

他付出最贵重的东西去求取最没有什么价值的东西。

求功好名不可过分强调

封建道德中确实包含着好名的因素，例如为了提倡杀身成仁、舍生取义，我们当然要讲流芳百世、留取丹心照汗青的荣耀。但这一类语言太多了，也完全可能诱发出血气之勇，叫作疏谋少略，浊气一涌，沽名而不知大义地闹将起来。

然而公平地、全面地说，忠臣烈士仍然是确实存在的，否则都变成了明哲保身，更不要说可能变成的是奴颜婢膝、助纣为虐，历史与现实岂不更加黑暗了吗？把一个个为了某种理念而不惜粉身碎骨的人全部以好名之名诛其心，这是不公正的，这只能为汉奸叛徒们寻找理论根据。

是皆修其身以下伛拊人之民，以下拂其上者也，故其君因其修以挤之。（人间世）

都是因为他们修身蓄德以在下的地位爱抚人君的民众，以在下的地位违逆了上位君主的猜忌之性，所以君主因为他们的修身蓄德而陷害他们。

不要被蒙蔽被干扰

人们的意（义）理之争何尝不是常常变为意气之争、门户之争、权力或实利之争？喜怒哀乐与好恶，不更是会常常蒙蔽人的耳目，使自己与他人指鹿为马、颠倒黑白、混淆是非、平添混乱？而人的主体性、选择性，所谓去就取予哀乐，其背后的自以为是、刚愎自用、得意扬扬、顺我者昌逆我者亡，何尝不会成为害人害己的魔障？想想人类的历史吧，族群之争尤其是教派学派观点意识形态之争，带来了多少苦难乃至于血腥！

贵富显严名利六者，勃志也。容动色理气意六者，谬心也。（庚桑楚）

尊贵、富有、荣显、威严、名誉、利禄等六种引诱，都是给意愿添乱的因素。容颜、举止、美色、辩理、声气、心意等六种信号，全是干扰心灵的因子。

不争论

争则起火、走火、火暴，争则意气用事，进入非理性的昏天黑地。

相拂以辞，相镇以声，而未始吾非也，则奚若矣？（徐无鬼）

用言辞悖反拂逆，用声势压制对方，却从不曾认为自己有什么不对的，请问这样就好吗？

绝对的打遍天下无敌手是极乏味的

绝对的打遍天下无敌手是极乏味的！人性中包含着斗争的乐趣，这也很难改变。斗而不胜，是一种苦恼；斗必胜，也可能变得没有太大的意思，例如中国的乒乓球。

自夫子之死也，吾无以为质矣，吾无与言之矣！（徐无鬼）

自从惠子离开了人世，我没有可以过往的搭档了！我没有可以与之论辩的对象了！

人切不可成为自己的对立面

老庄千言万语，反复呼吁的就是：人不可成为自己的敌人，人切不可想东想西，自我干扰，自生魔障，自我惊吓。

《庄子》里至少讲了两面：一个是人不应该超过人事的可能去追求，去捣乱，去苦自己与他人；一个是人可以忘记一切而大有成就。

还有人是需要一点提前量的，你必须有举重若轻的气度，有如履平地的自然，有不在话下的轻松愉快。

凡外重者内拙。（达生）

对外物看得过重，思想包袱一重，内里就变得拙笨失常。

智慧有时也是一种破坏的力量

有所谓智慧的痛苦，是指智者与大量的愚者打交道的困难，乃至于狼狈不堪。庄子提出的智慧的罪恶的命题，表面上与痛苦说含义相反，但是同样接触到了智慧的悲剧元素。智慧对于既定的秩序是一种扰乱，就像地动说对于地球中心说是一种颠覆，秋瑾式的革命家对于大清帝国是一种破坏。智慧在一定的意义上是一种破坏的力量。

其实，一切智慧都扰乱了既定的秩序与习惯，而且一切智慧的崭新果实，都需要付出一定的代价。

知诈渐毒、颉滑坚白、解垢同异之变多，则俗惑于辩矣。（胠箧）

智谋多走一米就是欺诈，狡猾诡辩、坚白同异这一类讨论、争辩越多，人们就会越发糊涂困惑。

死亡也有解脱休息的一面

死之至乐，或许不失为一种说法，一种忽悠，一个思路。人多是恋生畏死的，不须为此进行雄辩发挥。但是死亡是不是也有解脱休息这一面呢？如达·芬奇所说：“辛劳的一天带来愉快的睡眠，勤劳的一生带来愉快的死亡。”

既然对于每个个体生命来说，死亡的结局是不可避免的，我们为什么不能更加平静乃至开明地对待它呢？

视子所言，皆生人之累也，死则无此矣。（至乐）

你说的那一套，其实都是活人的啰里啰唆、麻烦累赘，死了谁还管这些玩意儿？

第十二章

与庄共舞：人生的自救之道

精神要具备独立性、强大性、自足性、主体性

至人的最大特点是精神的独立性、强大性、自足性、主体性。这样的精神如长江大河，如泰山昆仑，如日月星辰，这样的至人，还会有什么忧虑烦恼呢？又如何可能陷于精神的困境与重围呢？应对外物的攻伐，即外界的不怀好意的恶劣运作，没有比自己的超越与通畅更有力的了。你一心陷害，心劳日拙，绞尽脑汁；我哈哈大笑，视若无物，成果串接，光照寰宇。谁优谁劣，谁胜谁负，还用研究吗？

极物之真，能守其本，故外天地，遗万物，而神未尝有所困也。（天道）

他能够穷尽外物的真相真知，握持住根本，所以能将天地置之度外，把万物放到一边，从来不使自己的精神陷入困境。

与自然、大道、根本合而为一

个体的生命在有了些自我的意识之后，难免产生对于死亡的恐惧。如何淡化与消除这样的恐惧呢？莫过于把个体、把自身交给天，交给大自然，交给世界。本来你就是天的产物、自然的出品、世界的制造，你本来就不是你自身的产物，而是世界——对于宗教来说，你是造物的产物。

于是庄子以进为退，以退为进，以弃世来全生，以遗生来求生，以俱化求永恒，以坐忘而求无累、不劳、正平、相天。总之，要达到一种境界，个人与自然、大道、根本合而为一，移而为一，千秋不坏，永远不败，无损无伤，无亏无懈。

夫欲免为形者，莫如弃世。（达生）

如果你想避免与你的形体有关的一切劳累与痛苦、负担，避免为了表面的浅薄而辛苦终生，再没有比抛却世俗更有效的了。

能超脱，才能永远不败

庄子最喜欢讲说发挥的就是超越解脱这几个字。只要能超脱，就永远不败，永远无忧无虑，无咎无求，无成心无挂碍，无怒无悲。

夫圣人，鹑居而鷇食，鸟行而无彰。（天地）

一个圣人，像鸟类一样居无定所，不一定要找设定的食物，飞过去连痕迹也不会留下。圣人有了这样的超越与解脱，还怕什么呢？

无心

人的意识、心计，给人带来了聪慧，也带来了烦恼、焦虑、惊惧，以及各种狼狈折磨、自我摧残。清醒清醒，我们应该清醒，但是做手术时，我们必须接受麻醉。这说明并非任何状况下都需要清醒。尤其在春秋战国那样的兵荒马乱、礼崩乐坏的世道，经常是不测风云、飞来横祸的恶劣条件下，庄子推崇的乃是无心，是听任自然，是无意，是少知道、不知道，是少防备、不防备，用我最喜欢的词叫“不设防”，是不要自寻苦恼，自取灭亡，自找不素净。

夫醉者之坠车，虽疾不死。（达生）

喝醉了的人从车上掉下来，虽然坠落得急促，却一般摔不死。

至人无物

真正的高贵岂能乞求与期盼封赏？真正的富足岂能致力于财货？真正的内心的愿望与追求，岂能在意俗世俗眼的无常毁誉？至人无物，这才是根本之处。一切有条件有所期待的快乐与价值，都还不到家，都不算至。这再次显示了庄子自我救赎、精神自救的决绝的努力。

至贵，国爵并焉；至富，国财并焉；至愿，名誉并焉。（天运）

真正的高贵，才不考虑什么爵位呢；真正的富足，根本不在意什么财宝；真正的愿景里，是没有名声美誉的地位的。

做到最高最大的无我无物无为

只有做到最高最大的容受、适应，无可无不可，恬淡、寂寞、虚静、无为，做到与客体的虚空委蛇，做到主体的空无化、非刚体化，才能最大限度地拯救自身、悠游逍遥、金刚不坏、若浮若化，享受巅峰状态的至人、圣人、真人、仙人的大解放、大自由、大欢喜。（“欢喜”更多的是佛教用词，现在此地借用，或可相通也。）

去知与故，循天之理。故无天灾，无物累，无人非，无鬼责。（刻意）

去除一己的智谋与对于外界事件的斤斤计较，不搞盘算分析，不会焦虑。只知道遵循天意、天理、大道，不知道一己的欲望与好恶。这样的圣人不会碰到天灾，不会为外物所累赘牵挂，不会与他人闹什么是非——不会被人非难，也不会受到鬼神的挑剔。

守住真气才能无所畏惧

你应该相信你不但有身心耳目，更重要的是一股抽象无形的气——元气、真气、虚气。你应该忘记你的身心耳目，拒绝各种表面的、包含许多误差的感觉的干扰，甩开浅层思维与廉价成见，抛掉内心的喜怒哀乐、欲望恐惧。你应该忘记你的思虑见解即成心成见包括周围的集体无意识，你应该只剩下一股若有若无、虚无缥缈、集合纯正的气，就凭借这股气，回到这股气，守住这股气，应对诸事，走遍天下，战胜自己，不惧任何危难纷繁。

若一志，无听之以耳而听之以心，无听之以心而听之以气！（人间世）

你先做到一心一念，聚精会神，绝无杂念，不是用耳朵听取外界的信息，而是用心去谛听，然后不再用心谛听，而是用气接受。

把握薪尽火传的觉悟、真理

世界上既有不断生生灭灭的万物，也有一棒棒传递下去以至于无穷的火苗、大道、智慧、觉悟、理念与真理。如果着眼于熊熊燃烧的光明之火，也就可以不必为某一根薪柴的燃尽而过度悲伤，而虚无主义，而消极悲观。火种不会熄灭，火焰美丽依旧，无穷的生生灭灭造成了光辉的火焰的恒久永存，可歌可泣，可赞可叹，可悲可喜，壮哉伟哉，哀哉痛哉！你想终极眷顾吗？你想明哲智慧吗？你想悟道成佛吗？你想养生欢喜吗？你想哀乐莫入吗？就从观察与思考这样一个薪尽火传的现象做起吧。

指穷于为薪，火传也，不知其尽也。（养生主）

薪是有限的，火却可以一棒一棒地传下去，没有穷尽的时候。

思想的辉煌胜利不可剥夺

你什么都没有了，什么都被剥夺了，但是你还有思想，你还可能在思想中获得辉煌胜利，你还可以在思想中百战百胜，无往而不利，成为比皇帝更尊贵的至人、比将军更勇武的神人、比泰山更高耸的圣人。如果你一无所长，这种思想上的至人化、神人化、圣人化，就是百分之百的阿Q，只配被鲁迅揭底和嘲笑，或者其实鲁迅也不妨对待阿Q君更理解更宽容些。

你是有用之才，不必自惭，不必害怕与阿Q沾亲带故。

如果阿Q先生有机会出一次洋学一点英语加拉丁文，或者上个私塾学点先秦两汉，他照样也可以成为学界昆仑、国学泰斗、研究院院士的。你信不信？

死生无变于己，而况利害之端乎！（齐物论）

连生死都无须分辨，对于至人，还有什么利害值得一说！

人的一切关键在于自身

大道不能分割，人也不能分割，人的一切关键在于自身，一切靠向内转，靠内功，不能眼睛向外，不能追求外在，不在于一切有形的物质，而在于精神的纯一、混一、不割。否则就是自己与自己分家，一心求外物者等于早早地毁灭了自己，等于早早地把真我与鬼我都勾调出来，等于自我的分裂。

故出而不反，见其鬼。（庚桑楚）

所以，如果一个人一心只关注追求外物、外在的世界，就等于使自己陷于解体，叫作活见鬼，叫作见了鬼了。

培养你的“无穷感”

想想看，你心中有了无穷与永恒，你还有什么需要刻意、需要忧心、需要负担的吗？在你的得道者的心胸之中，在你的充满至道至阳至阴的内宇宙面前，来的是泡沫，去的是阴影，对于无穷与永恒来说，一切的存在与消失，又算得了什么呢？

培养一种“无穷感”，这不是忽悠，而是扩充心胸的必需。为什么古今哲人都喜欢仰望星空，远眺沧海，思索终极，感念千古？为什么初唐诗人陈子昂的诗至今魅力不减？前不见古人，后不见来者，念天地之悠悠，独怆然而涕下！

人其尽死，而我独存乎！（在宥）

所有的来来往往的人与物都会死去，都会消失，而我们与我们所依托的大道——至道，是永生的啊！

循于道才能真正成就自我

中国自古以来对于修身养性有各种说法。坦荡荡呀，三省吾身呀，浩然之气呀，定、静、安、虑、得呀，都很脍炙人口。

有循于道而有所成就的，有悖于道而一时有成的，但二者之预后是不同的，二者的后劲儿大不一样，两种人的下场也是不同的。其不同就是备与不备、无缺陷与有缺陷的区别，因投机而一时春风得意者，与因大道玄德而行事出类拔萃者的预后当然不同。“文革”中的“三种人”曾经得意洋洋，而今安在哉？有些由于“赶上了车”而红了一把的小棍文人，而今安在哉？

中国封建社会的漫长与政治斗争的险恶，是我们民族的悲哀，但也是财富。早在先秦时期，我们的大师们的人生与个人修养思考已经深了去啦！

故执德之谓纪，德成之谓立，循于道之谓备，不以物挫志之谓完。（天地）

所以坚守德行的叫作有纲纪与原则；能够因德而成事的叫作可以立身，可以站得住了；能够按照大道来行事，叫作齐备而且不败了；不因外界的因素而受挫折，才是完美圆满。

要留下回旋与应对的空间

什么事都不干吗？人活一世，还是得干点事。先看清一切的失算的可能，看清一切的龌龊与危险，再力求“观于天而不助，成于德而不累，出于道而不谋……”，就是说尽量避免走向自己的反面，尽量避免目的与追求异化为自己的对立面。要投入要敢拼，又要留下回旋与应对的空间，以网球、乒乓球为例，要避免失掉重心跌倒在自己的发球、击球、抽杀之后。

这是非常中国的智慧，你要做事，不能只是躺在大臭椿树下睡大觉，但又不能太在乎，太急于求成，太孤注一掷，太拼死拼活，你要悠着点儿，在努力中因应自然，尽人事而听天命，随时自我调整。除了战争中、法庭上等特殊情况外，这样的态度还是比较聪明的。

物者莫足为也，而不可不为。（在宥）

外物并不值得人们去做多少事情，但是不能不做。

恬淡无为是自我的最后一道防线

"恬淡无为"四个字是一服清火消炎的良药，尤其是对于急功近利者、想入非非者、刚愎自用者、目空一切者与斤斤计较者们来说。可行的路子应该是把有为与无为结合起来，把投入与恬淡结合起来，把热烈与虚静结合起来，把知其不可而为之与安时顺命结合起来。

恬淡无为还是我们的最后一道防线，有了恬淡无为，就有了尊严，有了主动，有了安身立命之处，有了避风港也有了新的起跑线，远离了是非，远离了投机取巧、冒险丢丑，远离了蝇营狗苟，也远离了自取其祸。那么，你就是真正不可战胜的了。

释夫恬淡无为而悦夫啍啍之意，啍啍已乱天下矣！（胠箧）

不再恬淡无为、清静无事，而是一味地喜好喋喋不休、诲人不倦的那种意图与方式。如果到处是喋喋不休，到处是诲人不倦，到处是自以为是的兜售争强，天下能不大乱吗？

致力于心功内功

中华传统文化的一大特点、优点与弱点就是遇到难题干脆向内转，致力于心功内功，叫作反求诸己。此说很特别，也很有效，我个人的体验是你如果真能够搞点“心斋”，收拢自己的各种念头，平息自己的种种不安，让人平顺，让人舒服，无欲无虑，无悲无喜，可能帮助治疗慢性病尤其是失眠，还可能帮助练习书法、国画、围棋、太极拳与内功鼻烟壶等技艺。但同时，对于学者仁人志士来说，心斋的说法说不定也很有毒害，它放逐心灵尤其是头脑，放弃思想与通向真理的必经之桥：怀疑与探求，满足于混沌，满足于质朴，满足于浑噩；它闭目塞聪，难得糊涂，不但愚民，而且愚己，自觉地剪裁与压抑自身的灵性知性，自觉地禁锢自身，力求缩小而不是扩展人们的精神空间。他们齐物的结果有可能是无物。先秦以降，我们的头脑太缺少创造性、质疑性与进一步追求的突破性了，此与心斋说是否有关，愿识者教之。

唯道集虚。虚者，心斋也。（人间世）

只有大道才能集合精神，形成虚旷之气。只有做到虚静、虚空、虚无、虚旷，才算得上内心的斋戒。

慎始慎终，物极必反

慎始慎终，物极必反，不要追求太过。还有急流勇退，不要恋栈，该上就上，该下就痛痛快快下。善哉，此乃金玉良言也。

其作始也简，其将毕也必巨。（人间世）

万事起头的时候往往比较简明单纯，发展着发展着就复杂化严重化了。

不要把自己的理念看得过高过伟

一个人，尤其是知识分子呀、精英呀、士呀什么的，很容易把自己的理念看得过高过伟，弄得一口浊气堵在那里，白白要了自己的命。也很容易自恋自怜，闹得酸酸楚楚、悲观颓废，怨天尤人不已。

仲尼恐其广己而造大也，爱己而造哀也。（山木）

孔子担心他由于把自己的理念看得过于崇高伟大而膨胀无度，也担心他由于太过爱恋自己、太过顾影自怜而增加了哀伤或惹来了不幸。

切不可恃才傲物、自命不凡

多少才人，在人生的风浪中翻船没顶！在政治运动中搭错了车，上了贼船的人又有多少！行路难，行路难，路途坎坷多危险，无意之中上错船，丢人又现眼，丢命无尊严，失足千古恨，遗臭上万年！尤其是才子之流，切不可恃才傲物、自命不凡呀！

神龟能见梦于元君，而不能避余且之网。（外物）

神龟能托梦给宋元君，却躲不开渔人余且的渔网。

人不胜天，安时顺命

以极端克服克制极端，以大踏步地后退来稳住自己的阵脚，然后宣称自己胜利了。这个逻辑其实很简单，既然人胜不了天，便只能听天由命；既然气恼无益，便只能化气恼为自得其乐，这就叫从认达到认命，从而做到了、至少是表面上做到了皆大欢喜、其乐无穷。

弱者的武器吗？智者的伟大胸怀吗？忽悠者的天花乱坠吗？哲人的高瞻远瞩吗？圣者的神明妙玄吗？

这不正是考验着读者的资质与智商吗？

且夫物不胜天久矣，吾又何恶焉！（大宗师）

其实人是不能胜天的，压根就是如此，生生死死都是天的事儿，我有什么可烦恼的呢？

要能入世，也要能出世

一个人既要能入世也要能出世，古代有名的说法叫以出世之心行入世之德之业绩。你要在人间世做点好事，不说建功立业，也总要略尽绵薄之力，起一点好作用，做一点善事好事助人之事而不是害人之事，不做坏事恶事。但你不要有甚入世之心，不要求权、求名、求利、求官职、求奖项、求选票、求封号、求待遇，而是随时准备退隐山林，乘樽江湖，逍遥彷徨，全无所谓，进退咸宜，用藏俱适，不累心、不伤神、不争执、不大患若身，这才叫作立于不败之地。

绝迹易，无行地难。为人使易以伪，为天使难以伪。（人间世）

干脆不干（不去、不出头等）容易，干了去了出了头了却没有了进退的余地，这就难死活人了。强一己之所思所欲所能容易做假，自自然然，走到哪儿说到哪儿，哪儿说的哪儿了，这就真实了。

拿得起，更要放得下

一个人，甚至是一个真人，可以做到虚静寂寥，槁木死灰，水波不兴，这当然很伟大。也可以做到该喜则喜，该悲则悲，喜而后寂，悲而后静，怒而后平，乐而后坐忘一切，这也是潇洒。

总之该记则记，该激动则激动，该忘则忘，该超越便超越，该冷静则极冷极静。不要认为只有时时冷静天天冷静月月冷静年年冷静的人才是冷静的，不，那样的一分一秒地冷静百十年是太奇特太不自然了，倒是怨而不怒、哀而不伤、乐而不淫，同时拿得起放得下，不论遇到何种麻烦困扰，都能最后做到一笑了之，浑然忘却，这是一个更可信可行可亲可爱的目标。

若然者，其心志，其容寂，其颡頯。（大宗师）

这样子，他心里忘怀了一切，他的容貌静寂安闲，他的额头宽大恢宏。

穷则独善其身，达则兼济天下

处境坏的时候，把自己照顾好，自己不做坏事不留恶名不种恶因，这就叫阿弥陀佛；处境顺当了，则可以出头为公众办点事了。

你千万不可忘乎所以，不要不知深浅，不要动不动一口浊气堵到那里，叫板较劲，自取灭亡。

庄子怎么会深通此道？这方面庄子与老子不同，老子确实是高头讲章，立论如虹如峰。而庄子呢，他其实上上下下，进进退退，关节分寸，里里外外，什么不懂？

且也彼其所保与众异，而以义喻之，不亦远乎！（人间世）

你们用通常的廉价的观点去评说它，纯粹是驴唇不对马嘴……又有几个人能够理解它的处境与选择呢？

心平气和才能达到超高级的忘我境界

面对历史与地域的绑架，面对你付出的应有的或不应有的代价，你能心平气和吗？能心平气和就能安顺，能够安顺就能忘却你的不平之气、怫然之怒，就能达到一个超高级的忘我境界。

这里，庄子提倡的状态，是世界观，是整体的与根本的理念、核心理念，是大道与玄德，是修身养性，是自我心理调整、心理健康的自我维护，是文学性情感性的升华的想象，也是宗教性神学性的修炼与神秘，是从精神升华到超越凡尘的飞升，乃至是得道成仙，成神成圣。

知不可奈何，而安之若命，唯有德者能之。（德充符）

命运是无可奈何的事，安危得失，泰然处之，不怨不怒，宠辱无惊，只有有极高德行的人才能做到。

首先要爱护好安排好自身

一个人连自身的生命都护不住，连自己的情绪都控制不住，他能有把握保护国家与人民生命财产的安全吗？他能控制住驾驭住天下大局吗？这个说法虽不全面，但也不无道理。

道之真以治身，其绪余以为国家，其土苴以治天下。（让王）

人掌握大道，首先是为了爱护好安排好自身；有点余力，就去治国；剩下点渣滓，可以用来谋天下、取天下、治天下。

以自身为本

在春秋战国时期，多少人争权争利、求财求官、称王称霸，在所谓立身扬名、光宗耀祖、修齐治平的幌子下大做蠢事、大杀异类、大祸惹身、大害民众。可以说春秋战国时期的杀杀伐伐，表现的是价值的异化，是社会政治斗争尤其是战争的异化、非人性化、非人文化。老子幻想过以他的无为之道来治国平天下，但从无这样的范例。庄子干脆把重点转移到以自身为本上来。庄子更注意的是拯救自我。这可以解释为阿 Q 式的精神胜利，这可以解释为中国式的犬儒主义，这可以解释为一种清高与明智，这可以解释为真正的以人为本与珍惜生命，这可以解释为人生的审美奇想。

见仁见智，全在一心，受益受害，全在一己。

故不足以滑和，不可入于灵府。（德充符）

了解这点就不足以让它们扰乱了本性的平和，不至于让它们侵入我们的心灵。

珍惜生命，珍惜天年

对于孔孟来说，生命、天年是从属于仁义道德的大观念大价值系统的，性也罢，命也罢，都必须服从并升华到仁义道德的层面，才有意义，才有光彩，才是天地之正气，才能流芳百世，否则只是苟活，只是偷生，只有耻辱，叫作生不如死。而老庄，尤其是庄子，把正常维持与养护生命提高到天道、自然、天命的高度，他坚决抨击一切不是让人好好地活下去而是让人送命的道理、主张。珍惜生命，珍惜天年，这当然是对的，但除此之外再无追求，再无底线，再无价值理念与尊严，再无除了个人生命安全以外的对于家庭、社会、族群、国家直到全人类，直到对于永恒与无穷的宇宙的任何责任与关心、感恩与挂牵，则也是未免偏于一隅，叫作以偏概全，叫作生硬做作，叫作难以成立。

若其残生损性，则盗跖亦伯夷已，又恶取君子小人于其间哉！（骈拇）

其实说到他们伤害生命，损害天年，盗跖也就是伯夷，命送掉了，再分别君子与小人又有什么意思！

不要为了外在的利益伤生害命

庄子认为为忠孝节义而死与为酒色财气而死原则上同属一类，即为了外在的利益伤生害命，对不起天年天饷。生于乱世，别无他法，只有拯救自身，解脱自身，不必殉道德，不必死抠规范，不必管什么名声好赖，不必求私人膨胀，顺性而活，随遇而安，是非曲直、成败利钝、祸福通蹇、高低贵贱，全部随便，自在逍遥，无所不可，无所不乐！

庄子的这一套不无自我解脱自我安慰的意义，但很难被整个社会接受，尤其不可能被君王大臣所接受。

无转而行，无成而义，将失而所为。（盗跖）

不要执着于德行的说教，不要满足于现成的仁义规范，那将会迷失你的自我。

不能无视生活的质量

人当然要保护并尽力延长生命，但是活着的目的就是活着吗？还是活着要干点自己认为有价值的事情？因事而害命损生，庄子是不赞成的，所以他曾多次说到，伯夷、叔齐为名节而死与强盗罪犯为犯罪而死，都是一样的不可取。把活仅仅定义为动物式的，乃至是植物式的槁木死灰式的存活，而根本全不在乎生活的质量，也令人无法接受。

吗也不管就能长寿？吗也不干，连饭辙都没了，维持生存都有问题，还长什么寿？

生活质量，这样的概念的引入，对于我们来说，太重要了。

闻吾子达于至道，敢问：治身奈何而可以长久？（在宥）

听说您得到了至道，我可不可以问一下，怎么样能够使我身存活长久？

有比生命个体更重要的存在

庄子帮助我们想出一条出路、一条光明大道，就是有比生命个体更重要、更尊严、更强大、更永恒的东西在，有个体生命愿意敬而畏之、信而仰之、奉而献之的参照物在。例如天，仰望苍天，仰望星空，仰望日月，哪怕是仰望雷电暴雨，谁能不心怀敬畏与信仰之情？

为了比自己更崇高更恢宏更有价值的存在，人们会勇于受死，那么面对大道呢？它比任何具体的人和物，比苍天更根本更永恒更神妙更无所不包，当你感受到接纳了大道之后，死亡又有什么可怕的，生死又有什么了不起的呢？

人特以有君为愈乎己，而身犹死之，而况其真乎！（大宗师）

一些人由于承认君王高于自身，宁愿为君王献出生命，那么为了天，为了道，不是更应该顺从谢恩无怨无愠了吗？

忘却的魅力

庄子特别反对焦虑、忧心忡忡、被责任压得喘不过气儿来。对俗人来说，该记就记，该忘就忘，这是一种强大无败的心理机制。正像人应该善于记忆一样，你学外语应该善记单词语法，人也应该善于遗忘，各种鸡毛蒜皮、妇姑勃豨，说声忘就忘他个一干二净，那才是男子汉，那才是大人不计小人过，那才是顶天立地！相反，所谓心细如发，所谓睚眦必报，那与其说是通向生命事业成就快乐，不如说是通向病变自戕夭折完蛋！

庄子的观点是友谊应该相忘乎道术。君子之交淡如水，置入大道的江河湖海之中，能不忘他个痛快吗？我还有一篇小散文，题名《忘却的魅力》，呜呼！

鱼相忘乎江湖，人相忘乎道术。（大宗师）

鱼儿到了水里，互相遗忘了，忘却一切了，才最是快乐；人体悟了道术，也互相遗忘、忘却一切了，才最是高明。

忘记自身，混同于万物

现在的人不是时兴讲智慧的痛苦吗？庄子的药方很彻底，干脆不要智慧。没有智慧也就没有偏见，没有知与名，大家都糊里糊涂，都混沌一片。这样也就没有争执，没有偏见，没有服膺，没有背叛，没有献身，没有压制，没有区别，共享万世之太平。这从理论上看，绝对是有道理的，就是做不到。为什么呢？

庄子一再强调忘记自身，混同于万物，这里要解决的不仅是智慧与良心的痛苦，而且是要洗刷掉人的自觉、人的忧患、人的焦虑与一切痛苦。

堕尔形体，吐尔聪明，伦与物忘，大同乎涬溟，解心释神，莫然无魂。（在宥）

放下你的身段，抛弃你的聪明，与外物在一起而忘却自身，与大自然的种种阴阳之气混为一体，使自己的心志与魂灵得到释放解脱，不再有什么执着与较劲。

真正实现自我解放

庄子与其他各“子”的区别在于他实现了论说重点的转移，他更着重的是士人个人的精神与生命救赎，而不是御民上的丰功伟绩。请看，盗亦有道，那么道亦有盗——即满口仁义道德的大人先生，满腹经纶的君君臣臣们，也有这样的那样的一肚子男盗女娼。所以，庄子对儒家学说说：“我不相信。”他转而教给你一点终其天年之术，槁木死灰之术，在大臭椿树下高枕无忧之术，乘着大葫芦浮游于江河湖海的流浪之术。而且，他告诉你不要那么相信礼法，不要相信仁义说教，不要相信圣人的封锁枷锢，不要相信严防扒手的措施与操劳，这样，至少多一点内心的解放，自我的解放，精神的平安，直到精神上的逍遥自由。

五者不备而能成大盗者，天下未之有也。（胠箧）

没有这五条修养而想当成有头有脸的大强盗，普天之下是找不着这样的例子的。

抛弃自己的枷锁镣铐

自己解放自己的开始，是自己与自己和解的开始，是至少我自己不要任何的附加物，更不要自己的枷锁镣铐的开始，是寻找至乐、通向至乐的开始。

问题在于不宜绝对化与过分彻底。适当地给自身减负是可以理解的，是必要的，至少有助于减少忧郁症与躁狂症的轮番发作，但是，减少到彻底的零与无则很恐怖。

吾以无为诚乐矣，又俗之所大苦也。（至乐）

那么到底有没有快乐之义呢？依我的意思，无为，不期待自身，也不要求自身做什么，不给自己定下目标、任务、程序，这才是真正的快乐，但世俗却认为无为是极大的苦恼。

槁木死灰是道性的最高境界

我们的最佳、最玄妙的理念是以静制动、以气胜力、以退为进、以无胜有、以不变应万变、以少胜多、借力打力、韬光养晦、知其白守其黑、知雄守雌、难得糊涂。两千多年前，范雎就是靠装死、越王勾践则是靠装熊装贱取得了最后的胜利。这样的常处逆境中的哲人、能人、阴狠之人或大志盖天之人，锻造出来独特的哲学，自然就可能把槁木死灰当成学道、道行、道性的最高境界。

形固可使如槁木，而心固可使如死灰乎？（齐物论）

形体安定固然可以使它像干枯的枝木，心灵寂静固然可以使它像熄灭的灰烬吗？

知其白，守其黑

庄子提出人的智慧能力要含而不露，人之耳聪目明也应该内敛积蓄，深藏不露，有点老子说的“知其白，守其黑”（第二十八章）的意思，或者是被黑格尔赞赏的将自己隐藏在无边的黑暗中，而观察寻找光明的意思。无论如何，这更像谈兵法，而不像谈文化。

重含蓄，也不无重混沌的含义。不要太清晰，不要太外露，人的技能与智慧也不要太发展，这样才能做到朴鄙，保持原生态，简单化，才更有操控的空间。呜呼，妙哉亦悲哉！

鱼不可脱于渊，国之利器不可以示人。（胠箧）

鱼不能脱离开深水，而国之利器，即国家最有用的致命武器，不可以拿给别人、俗人看视。

不要轻用自己的精神力量

人的宝贵在于他的精神，精神如同宝剑，而愈是宝剑宝刀，愈要注意保存收藏，不可轻易外露，不可轻用。

一个富有智慧、反应机敏、境界宏大、志气高远的人，不应该轻用自己的精神力量，不应该不懂得保存收藏、韬光养晦的重要性。世上有多少这样的人，资质并非很差，却斤斤计较于个人得失，耿耿于怀于个人进退，嘀嘀咕咕于物我是非，哼哼唧唧于一日之短长，小鼻子小眼儿，鼠肚子鸡肠，你给他们讲个唇焦舌燥，他们却硬是不明白这个道理。

精神四达并流，无所不极，上际于天，下蟠于地。（刻意）

颇似宝剑的是人们的精神，能够四面八方纵横驰骋，无处不可挥舞盘旋，尽显威风。这样的精神，往高处走到达天边，往低处走盘桓于大地，接天连地。

世间万物并无区别

庄子的生死观的魅力在于形体、生活、衰老与死亡都是大自然、世界和宇宙的事，都是大道的下载与驱动，都体现着无限宏伟神妙美好崇高又带几分令人敬畏的庄严与玄秘。庄子甚至不考虑不计较你活得怎么样，是勤劳有道行有荣誉，还是残疾，还是一事无成——无用之用，乃至是夭折，因为庄子认为，不论是彭祖还是殇子，其实并无区别。

什么是世界？什么是自然？什么是宇宙？什么是天地？就是一个大块，无所不包无所不容的一大块，块头大得老了去了，比天大比地大比世界还大。李白讲“阳春召我以烟景，大块假我以文章”，人的一切，如生命、灵感、悲喜、才华、文章、寿夭、通蹇……全部来于大块。如此这般，想起来还真有几分舒畅快乐！

夫大块载我以形，劳我以生，佚我以老，息我以死。（大宗师）

大自然给了我形体与生命，用辛劳的工作充实了我的人生，直到逐渐衰老才给了我以安逸的可能与正当性，然后，以死亡送来了我的安息。

降低人生诸烦恼的意义

通过对于世界、天地、大道的宏伟与长久的体验与服膺，降低人生诸烦恼的意义，是庄子自我拯救的重要法门。

于是能够藐视小我，更藐视俗人、俗世、俗争、俗利，于是能够有所超越，有所升华，有个大境界矗立在那里了。反过来说，藐视小我与俗世的另一面是珍惜与重视，是底气与依托。人生不满百，人体不过五尺，生也有涯，知也无涯，然而这渺小的存在是永恒与阔大的世界的一部分，是大道的功能与下载，是永恒与无穷的见证与表现。

吾在于天地之间，犹小石小木之在大山也，方存乎见少，又奚以自多！（秋水）

我在天地之间，就像一块小石头、一棵小树在一座大山上一样，本来是微不足道的，又怎么可以自命不凡呢！

恬静才能获得心理的最大健康与稳定

中国的哲学强调恬静，如从专心、求学的角度谈静的好处，所谓“知止而后有定，定而后能静，静而后能安，安而后能虑，虑而后能得”（《大学》）。所谓心似平原走马，易放难收。还有，就是以静追求理性化，追求长远眼光，追求心理的最大健康与稳定，如诸葛亮所说的“非淡泊无以明志，非宁静无以致远”。我们常常把动态与浮躁、冲动、情绪化联系在一起，因而觉得静优于动。当然《大学》中静、安、虑、得的说法，忽略了与时俱进与时俱化、不断发展不断创新的这一面。毛泽东喜欢讲的恰恰是另一面，流水不腐，户枢不蠹，只有不停地运动才能合乎大道，避免堕落、腐烂、危亡。

水静犹明，而况精神！圣人之心静乎！天地之鉴也，万物之镜也。（天道）

水宁静了就清明了，何况人的精神呢？圣人之心是宁静的，它们能映鉴天地，照应万物。

音乐能够帮你获得不一样的体验

艺术，尤其是音乐，绝对能够帮助我们体验平日体验不到的东西，包括恐惧与作祟，痛苦与不安，逃遁与升华，疯狂与平静，折磨与逍遥，愚蠢与清明，永恒与无穷，至高与至圣。沉浸在音乐里，你会得到从书本从老师那里得不到的东西。我虽然还没有从欣赏音乐中大彻大悟的经验，但是早在五十多年前，我开始写第一部长篇小说的时候，由于无法解决其结构问题而精神几乎崩溃，正在此时，我在南池子中苏友好协会的音乐厅听了新到的唱片，是肖斯塔科维奇的交响乐新作，我恍然大悟，我明白了什么叫长篇小说的结构啦。应该说，我明白了人生与世界的结构啦！

乐也者，始于惧，惧故祟；吾又次之以怠，怠故遁。（天运）

音乐（或是咸池之乐）这个东西，从震惊恐惧开始，由于震惊恐惧所以有所搅乱纷扰，需要在后续的演奏中为之松弛一番心胸与神经；放松了，心思就走神了，就实现自我的逃避去了。

离开一般性，离开常理

大而化之法：与无穷的世界与大道相比，我们不过是蜗牛角上的小国寡民罢了；我们整天闹的那些大事，对于无穷大来说都近于零，都是可有可无、似有似无的。豪迈则豪迈矣，阔大则阔大矣，可惜大而无当，不能当饭吃，最多能当酒喝，酒喝多了，气概一上来，万物可以睥睨，万事不屑一顾，万难不在话下，叫作“与尔同销万古愁”！古代中国士子就是这样无忧化无咎化无“害”化也无用化了的。

一个人不妨试试，遇到愤怒，遇到压迫，遇到穷途，被挤到了墙角，试着换一个角度忽悠忽悠自己，离开俗见，离开一般性，乃至离开常理，用全新说法逗自己笑一笑，也许有些许新的启发。

知游心于无穷，而反在通达之国，若存若亡乎？（则阳）

如果您能使自己的精神心智进入到无穷的寰宇中遨游，再回到舟车畅通、交往频繁的这些侯国中来，您会觉得这些小国对于无穷的寰宇来说，像是若有若无一样的吧？

爱这个世界

世界的中心在哪里？我们有过以为自己是世界中心的经验，惠此中国，以绥四方。关键在于你是不是爱这个世界——爱这个世界，你就是中心，天与地都与你相合。

我知天之中央，燕之北、越之南是也。（天下）

我所知道的天下中心，可以在北面的燕国之北，也可以在南面的越国之南。